Geschichten

Brühlsche Terrasse, Frauenkirche, Kunstakademie zum Dresdner Stadtfest 2010 | ©DMG | Sylvio Dittrich

Goldener Reiter, Frauenkirche / ©DMG / Frank Exß

Dresden Fakten

Geographie/Bevölkerung
Einwohner: 517 168 (Stand 07/2011)
Bevölkerungsdichte: 1 575 Einwohner / km²
Frauen 51,1 %; Männer 48,9 %
Ausländer 4,1 %
Geburten pro Jahr 5 900
Altersdurchschnitt 43,1 Jahre
Haushalte: 281 812
Arbeitslosenquote: 10,7 %*
BIP: 15,3 Mrd.
Fläche: 328,31 km²
Nord – Süd Ausdehnung: 22,6 km
Ost – West Ausdehnung: 27,1 km

Lage: im südöstlichen Teil Sachsens
(51.05° nördl. Breite, 13.73° östl. Länge)
Höhe: 113 m über NN
Höchste Erhebung: Triebenberg (384 m)
Stadtgliederung:
10 Ortsämter und 9 Ortschaften

Weitere Infos: www.dresden.de/statistik bzw. in der vom Presseamt herausgegebenen Broschüre »Faktum« (Digital unter www.mediaserver.dresden.de)

* Quelle: Bundesagentur für Arbeit, Stand 04/2011 und Kommunale Statistikstelle der Landeshauptstadt Dresden, Stand 31.12.2010

Inhalt

Dresden – eine Stadt voller

Dresden ist eine Stadt voller Geschichte – und Geschichten. Dieses Handbuch soll nicht nur Interesse wecken und Lust machen, die Vielfalt Dresdens zu entdecken. Es soll Ihnen auch mit ganz praktischen Tipps, vielen wertvollen Adressen und Themenvorschlägen eine Recherchehilfe bieten, über die Stadt Dresden in all ihren Facetten zu berichten.

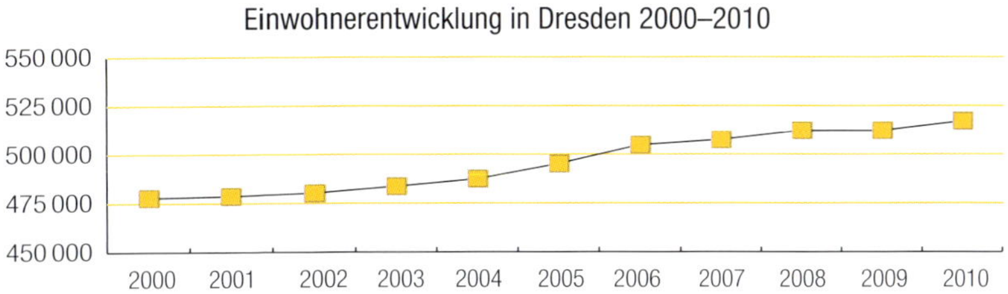

Rathaus

Oberbürgermeisterin: Helma Orosz
Beigeordnete der Oberbürgermeisterin:

- Geschäftsbereich Allgemeine Verwaltung: Beigeordneter Winfried Lehmann, CDU
- Geschäftsbereich Finanzen und Liegenschaften: Beigeordneter Hartmut Vorjohann, CDU
- Geschäftsbereich Ordnung und Sicherheit: Beigeordneter Detlef Sittel, CDU
- Geschäftsbereich Kultur: Beigeordneter Dr. Ralf Lunau, parteilos
- Geschäftsbereich Soziales: Beigeordneter Martin Seidel, parteilos
- Geschäftsbereich Stadtentwicklung: Beigeordneter Jörn Marx, CDU
- Geschäftsbereich Wirtschaft: Beigeordneter Dirk Hilbert, FDP

J Pressesprecher: Kai Schulz

Stadtrat (konstituiert 2009)

CDU: 23 Sitze
DIE LINKE: 12 Sitze
Bündnis 90/Die Grünen: 11 Sitze
SPD: 9 Sitze
FDP: 9 Sitze
Bürgerbündnis/Freie Bürger-Fraktion: 4 Sitze
Fraktionslose: 2 Sitze

Dresden Marketing GmbH

Die im Oktober 2008 gegründete Dresden Marketing GmbH (DMG) ist für die Vermarktung Dresdens als Tourismus-, Wissenschafts- und Wirtschaftsmetropole verantwortlich.
www.marketing.dresden.de

Buchtipps:

Geschichte der Stadt Dresden

Das umfassende Werk von Karlheinz Blaschke, Reiner Groß, Uwe John und Holger Starke (Hrsg.) sowie einer Vielzahl namhafter Historiker beleuchtet in drei Bänden Dresdens Stadtgeschichte in chronologischer Form.
ISBN 978-3-8062-1906-7
ISBN 978-3-8062-1927-2
ISBN 978-3-8062-1928-9

Dresdner Geschichtsbuch

Das Dresdner Stadtmuseum hat eine Reihe aufgelegt, in der wichtige Epochen der Dresdner Geschichte in großformatigen Bänden vorgestellt werden.

Dresdner Hefte

Der Dresdner Geschichtsverein gibt vierteljährlich jeweils ein Heft heraus, in dem ausgewählte Themen zur Dresdner Geschichte in all ihren Aspekten vorgestellt werden. Seit 1983 sind über 100 Bände erschienen. www.dresden.de/ddhefte

Stadtgeschichte in Kürze

1206 Erste Erwähnung

1485 Sächsische Landesteilung. Herzog Albrecht wählt Dresden zu seiner Residenz.

1539 Einführung der Reformation in Dresden

1547 Herzog Moritz wird Kurfürst. Dresden wird Sitz des protestantischen Kurfürstentums Sachsen.

1549 »Altendresden«, die heutige Neustadt, wird mit Dresden verbunden.

1694 August der Starke wird als Friedrich August I. Kurfürst von Sachsen.

1697 August der Starke wird als August II. König von Polen und konvertiert dazu zum Katholizismus.

1708 Entwicklung des ersten europäischen Hartporzellans durch Friedrich Böttger und Ehrenfried Walther von Tschirnhaus in der Dresdner Jungfernbastei (Brühlsche Terrasse)

1720 Graf Wackerbarth erlässt eine Bauordnung, die für die barocke Stadtentwicklung maßgeblich wird.

1732 Das weitgehend barock wiederaufgebaute rechtselbische Altendresden wird erstmals als »Neue Stadt« beschrieben. In Folge wird der linkselbische Teil Dresdens als »Altstadt« bezeichnet.

1756 Dresden wird zu Beginn des Siebenjährigen Krieges von preußischen Truppen unter Friedrich II. attackiert und bis 1760 teilweise zerstört und eingenommen.

1806 Französische Truppen besetzen Dresden. Sachsen wird zum Königreich von Napoleons Gnaden.

1813 Letzter Sieg Napoleons in Europa bei der Schlacht von Dresden. Kapitulation kurz danach bei der Leipziger Völkerschlacht, bei der Sachsen gemeinsam mit Napoleon gegen den Rest Europas verliert.

1815 Sachsen verliert nach dem Wiener Kongress zwei Drittel seines Territoriums an Preußen. Die Medizinische Akademie (Vorläufer des Universitätsklinikums) wird gegründet.

1828 Gründung der technischen Hochschule, der heutigen Technischen Universität (TU)

1836 Gründung der Sächsisch (-Böhmisch)en Dampfschiffahrtsgesellschaft

1839 Eröffnung der ersten Ferneisenbahnlinie auf dem europäischen Kontinent zwischen Leipzig und Dresden

1871 Nach verlorenem Krieg mit Österreich gegen Bismarcks Preußen 1866 wird mit der Albertstadt Europas größte Garnisonsstadt errichtet. Das »preußische Viertel« erinnert an die preußische Dominanz im Sächsischen Militär.

1889 Beginn der Kameraproduktion durch Heinrich Ernemann

1901 Eröffnung der ersten Bergschwebebahn der Welt

1918 Abdankung des letzten Sachsenkönigs. Dresden wird Hauptstadt des Freistaates Sachsen.

1933 Machtergreifung durch die Nationalsozialisten. Juden, Sozialdemokraten und Kommunisten werden aus den Ämtern gedrängt, verfolgt, vertrieben und getötet.

1938 Bei dem Pogrom der »Reichskristallnacht« wird auch die von Gottfried Semper erbaute Synagoge zerstört.

1939 Ausbruch des 2. Weltkriegs. Die Volkszählung vom 17. Mai ermittelt

Fürstenzug - Detail | ©DMG | Christoph Münch

Dresdens bislang höchste Einwohnerzahl mit 629 713 Bewohnern.

1945 Bei den Luftangriffen am 13. und 14. Februar werden 15 km² Stadtgebiet zerstört. Rund 25 000 Bewohner kommen dabei um. Am 7./8. Mai erreicht die Rote Armee Dresden-Neustadt. Beginn der sowjetischen Militärverwaltung. Dresden hat noch 454 249 Einwohner.

1946 Beginn des Wiederaufbaus. In den 1950er-Jahren werden zahlreiche wiederaufbaufähige Ruinen gesprengt, um eine »sozialistische Großstadt« zu errichten.

1949 Gründung der DDR

1952 Auflösung des Landes Sachsen. Dresden wird Bezirkshauptstadt.

1953 Volksaufstand am 17. Juni auch in Dresden

1956 Der Dresdner Zwinger ist das erste komplett wiederaufgebaute historische Bauwerk Dresdens.

1981 Baubeginn für den neuen Stadtteil Dresden-Gorbitz in Plattenbauweise

1985 Wiedereröffnung der Semperoper

1989 Dresden spielt bei der friedlichen Revolution zusammen mit Leipzig und Plauen die maßgebliche Rolle. Größte Demonstration am 3./4. Oktober. In Folge die ersten direkten Gespräche zwischen Demonstranten und DDR-Regierungsvertretern. 19. Dezember: Rede Helmut Kohls vor der Frauenkirche; erstmals wird die Losung »Wir sind das Volk« zu »Wir sind ein Volk«.

1990 Mit der deutschen Wiedervereinigung am 3. Oktober wird Dresden Hauptstadt des ebenfalls wiedergegründeten Freistaats Sachsen.

1995 Mit der Eröffnung der Siemens-Chipfabrik (später Infineon und Quimonda) wird Dresden zum Standort moderner Mikroelektronik (»Silicon Saxony«). Zahlreiche weitere Ansiedlungen folgen.

1999 Nach Eingemeindungen wird Dresden flächenmäßig zur viertgrößten Stadt Deutschlands.

2002 Im August richtet das Elbehochwasser (Pegel 9,40 Meter statt durchschnittlich ca. 2 Meter) große Schäden an.

2004 Das Dresdner Elbtal wird Welterbe der UNESCO. Nach Baubeginn der Waldschlösschenbrücke wird der Titel 2009 wieder aberkannt.

2005 Weihe der wiederaufgebauten Frauenkirche

2006 800-jähriges Stadtjubiläum. Dresden ist »Stadt der Wissenschaft«. Das Historische Grüne Gewölbe wird eröffnet.

2010 Eröffnung der Türckischen Cammer und des neu gestalteten Albertinums

2011 33. Evangelischer Kirchentag in Dresden. Das neue Stadion ist ein Austragungsort der FIFA Frauen-Weltmeisterschaft Deutschland 2011™. Eröffnung des umgestalteten Militärhistorischen Museums

Quelle: Faktum Dresden
www.dresden.de/de/02/stadtgeschichte.php

Kunst und Kultur

(F) Tipps für Fotografen und Filmteams
(J) Journalistenkontakt
(P) Pressebereich auf Website vorhanden
(A) Hochauflösende Fotos zum Herunterladen auf Website vorhanden
(W) Ausführlicher Wikipedia-Beitrag vorhanden (ohne Gewähr)

Altstadtsilhouette | ©DMG | Sylvio Dittrich

Dresdens »feierliche Lage« mag naturgegeben sein, doch es waren der Kunstsinn und der Gestaltungswille der sächsischen Kurfürsten und später des aufstrebenden Bürgertums, die das Elbtal in eine einzigartige Kulturlandschaft verwandelten und diese zu bewahren suchten. Diese nicht abreißende Kontinuität fand und findet in Bauten wie der Frauenkirche, dem Residenzschloss, dem Zwinger, der Semperoper, den Elbschlössern und Villenvierteln, der Hellerauer Gartenstadt oder den preisgekrönten Bauten moderner Architektur ihren Ausdruck.

Es war Kurfürst August, der mit seiner fürstlichen Kunstkammer vor 450 Jahren eine der ältesten und bedeutendsten Sammlungen gründete und damit den Grundstock legte für die heutigen Staatlichen Kunstsammlungen. Mit ihren zwölf Museen prägen sie den Ruf Dresdens als Kunst- und Kulturstadt von Weltrang und sind doch nur Teil einer thematisch weitaus breiter gefächerten Museumslandschaft. Die Schätze der »Alten Meister«, des »Grünen Gewölbes«, der »Türckischen Cammer«, der Skulpturen- oder die wohl weltgrößte Porzellansammlung wurden mit der Wiedereröffnung des »Albertinums« um die Kunst des 19. und 20. Jahrhunderts auf wunderbare Weise ergänzt.

Brühlsche Terrasse | ©DMG | Frank Exß

Sehenswürdigkeiten

Altstadt

Altstadtsilhouette

Die berühmteste Ansicht von Dresden - die Altstadtsilhouette mit historischen Bauwerken wie Frauenkirche, Kathedrale und Brühlscher Terrasse - lässt sich am besten von der Carolabrücke, der Marienbrücke und dem Neustädter Elbufer (Königsufer/Canalettoblick) filmen und fotografieren. Die Gebäude sind abends festlich erleuchtet. Bei schlechtem Wetter ist die Abendansicht daher eine gute Alternative. Für die genannten Plätze sind keine Drehgenehmigungen erforderlich. Ist die Anfahrt mit Fahrzeugen erforderlich, ist eine Genehmigung über das ➔ Straßen- und Tiefbauamt einzuholen.

Carolabrücke

F frühmorgens bis mittags, ab Sonnenuntergang vom Fußgängerweg. Keine Haltemöglichkeiten für Fahrzeuge.

Marienbrücke

F nachmittags und abends vom Fußgängerweg. Keine Haltemöglichkeiten für Fahrzeuge.

Neustädter Elbufer, Königsufer
(unterhalb des Finanzministeriums)
F morgens bis mittags, abends. Beliebter Platz für Großfeuerwerke (Stadtfest oder auf Anfrage unter: www.feuerwerke-kuerbs.de, www.roeder-feuerwerk.de).
Während der Filmnächte am Elbufer nur eingeschränkt zugänglich.

Canalettoblick/Bellevuegärten
F morgens, nachmittags, abends - außer Mittagssonne (Gegenlicht). Die Gärten des Hotels Bellevue im April mit blühenden Bäumen. Ein beliebter Platz für Feuerwerke (Silvester). Der Standort an der Elbe in der Nähe des Pavillons entspricht der Stelle, von der aus Bernardo Bellotto seinen »Canalettoblick« (➔ Gemäldegalerie Alte Meister) gemalt hat. Blick von oben vom ➔ Hotel The Westin Bellevue

Neumarkt
Der heute wohl bekannteste Platz in der Dresdner Innenstadt wird seit 2005 in Anlehnung an seine einstige prachtvolle Barockgestaltung aus dem 18. Jahrhundert schrittweise rekonstruiert. Die Gebäude mit größtenteils originalgetreu nachgestalteten Fassaden in den engen Gassen rings um die Frauenkirche laden ein zum Bummeln, Einkaufen und Speisen in historischem Flair.
www.neumarkt-dresden.de,
www.das-neue-dresden.de/quartier-an-der-frauenkirche.html

Architekten und Dresden

An Dresden als architektonischem Gesamtkunstwerk wirkten zahlreiche Architekten mit. In der Barockzeit war es der Zimmermann George Bähr (1666–1738), der mit der ➔ Frauenkirche eine der heute bekanntesten und beliebtesten Sehenswürdigkeiten Deutschlands schuf. Matthäus Daniel Pöppelmann (1662–1736) errichtete als Baumeister des ➔ Zwingers ein weiteres weltbekanntes Bauwerk, war aber auch an zahlreichen anderen Projekten beteiligt, darunter ➔ Schloss Pillnitz, die ➔ Dreikönigskirche und das ➔ Taschenbergpalais. Weitere wichtige Barockarchitekten, die in Dresden ihre Spuren hinterlassen hatten, waren Johann Christoph Knöffel (1686–1752) ➔ Schloss Wackerbarth, ➔ Kurländer Palais, Palais Hoym, Gaetano Chiaveri (1689–1770) ➔ Kathedrale

Im 19. Jahrhundert verwandelten zahlreiche Architekten Dresden in eine repräsentative Großstadt. Während die an Wien und Budapest erinnernde mondäne Ringstraßenarchitektur im 2. Weltkrieg zerstört worden ist, hat sich die Villenarchitektur in den Vororten erhalten und bietet eine breite Palette an architektonischen Meisterwerken. Berühmtester Architekt aus dieser Zeit ist Gottfried Semper (1803–1879; DMG-Pressetext: www.dresden.de/semper).
Hans Erlwein (1872–1914),
Wilhelm Kreis (1873–1955) und
Heinrich Tessenow (1876–1950) brachten mit ihren Bauten die Moderne in die Stadt.

Nach der Zerstörung der Innenstadt 1945 brachte der Wiederaufbau neben den Typenbauten der DDR, die überall im Land zu finden waren, auch individuelle architektonische Schöpfungen wie den Kulturpalast oder das Rundkino hervor. International bekannter sind aber die Arbeiten zeitgenössischer Architekten wie der nach Entwürfen von Sir Norman Foster ➔ Hauptbahnhof, das durch Daniel Libeskind umgebaute ➔ Militärhistorische Museum der Bundeswehr oder das von Peter Kulka sanierte ➔ Residenzschloss bzw. der Neubau des Sächsischen Landtages.

Zu allen Personen gibt es ausführliche Wikipedia-Einträge. Zu den Bauten ab 1914 siehe auch www.das-neue-dresden.de

F ganztägig. Bis ca. 10 Uhr können Lieferfahrzeuge für die Gastronomie stören. Glockenläuten der Frauenkirche täglich gegen 17:50 bis 18:00 Uhr. Fahrzeuge können in der Tiefgarage unter dem Platz parken. Eingeschränkte Anfahrt auch zu den Hotels möglich.

Frauenkirche
1726 bis 1743 von George Bähr errichtet, gilt als bedeutendster protestantischer Kirchenbau in Deutschland und eines der wichtigsten Werke europäischer Kultur- und Baugeschichte. 1945 zerstört und als Ruine jahrzehntelang ein Mahnmal, wurde die Kirche 1994 bis 2005 wieder aufgebaut, teilweise aus Originalsteinen des alten Bauwerks. Im prachtvollen barocken Innenraum mit fünf Emporen finden u. a. Gottesdienste und Konzerte statt. Die Orgel, Chöre und Ensembles der Frauenkirche sind wesentlicher Bestandteil der »Musikstadt Dresden«.
Besichtigungen: Mo. bis Fr. 10–12 Uhr/ 13–18 Uhr, Sa., So. mit Einschränkungen
www.frauenkirche-dresden.de P A W
www.das-neue-dresden.de/frauenkirche-neubau2005.html

F **außen** Altstadtsilhouette, Neumarkt, ganztägig und abends
F **oben** Blick zum Hausmannsturm des Residenzschlosses (Genehmigung für Kamerateams → Staatliche Kunstsammlungen Dresden), Blick zu Kreuzkirche und Rathausturm (Genehmigung für Kamerateams → Presseamt der Landeshauptstadt Dresden)
F **innen** nach Genehmigung → Stiftung Frauenkirche Dresden
J Grit Jandura,
Presse/Öffentlichkeitsarbeit
Georg-Treu-Platz 3, 01067 Dresden,
Tel. +49 351 65606120
presse@frauenkirche-dresden.de

Residenzschloss
Ende des 15. Jahrhunderts im Renaissancestil errichtet, später mehrmals umgebaut und erweitert, bis 1918 Regierungssitz der sächsischen Kurfürsten und Könige. Hier predigte Luther, musizierten Schütz, Mozart, Liszt und viele andere. 1945 zerstört, seit 1986 Wiederaufbau als »Residenz der Kunst und Wissenschaft«.
Im Schloss: Historisches Grünes Gewölbe, Neues Grünes Gewölbe, Türckische Cammer, Kupferstich-Kabinett, Münzkabinett, Hausmannsturm, Heinrich-Schütz-Kapelle (voraussichtlich ab 2013), Riesensaal mit Rüstkammer (voraussichtlich ab 2013).
www.schloesserland-sachsen.de, W

Dresdner Rekorde

Dresden kann mit zahlreichen Rekorden und Alleinstellungsmerkmalen aufwarten. Sie alle sind eine eigene Geschichte wert: Die älteste Bergschwebebahn der Welt, die älteste erhaltene Bühnentechnik Deutschlands, das größte Dixieland Festival Europas, die erste Ferneisenbahnverbindung Deutschlands, die erste deutsche Gartenstadt, eine der bedeutendsten Gemäldesammlungen der Welt, eines der größten erhaltenen Villen- und Gründerzeitviertel Deutschlands, der schönste Milchladen der Welt, das älteste Museum für angewandte Kunst und die prächtigste Schatzkammer der Welt, das größte Porzellanmuseum und das größte Porzellanbild der Welt, die älteste Raddampferflotte der Welt, das älteste erhaltene Tauchboot der Welt, die bedeutendste Rüstkammer Deutschlands mit einer der bedeutendsten Sammlung osmanischer Kunst außerhalb der Türkei, die einzige eigenständige Tanzhochschule Deutschlands und der älteste deutsche Weihnachtsmarkt. Im Pressetext im Internet gibt es mehr Infos und weiterführende Hinweise: www.dresden.de/rekorde

Residenzschloss | ©DMG | Frank Exß

F **außen** beste Zeiten: für Schloßplatz: morgens, für Schloßstraße: mittags, für Sophienstraße und Theaterplatz: nachmittags, blaue Stunde und nachts
F **oben** Hausmannsturm (Genehmigung → Staatliche Kunstsammlungen Dresden)
F **innen** Das Filmen und Fotografieren innerhalb der Museen des Residenzschlosses ist generell verboten. Für die öffentlich zugänglichen Bereiche und die Museen können die → Staatlichen Kunstsammlungen Dresden im Vorfeld Ausnahme-Genehmigungen erteilen.
J Für die noch in Sanierung befindlichen Bereiche:
SIB – Staatsbetrieb Sächsisches Immobilien- und Baumanagement
Andrea Krieger, Pressesprecherin
Wilhelm-Buck-Straße 4
01097 Dresden
Tel. +49 351 564-9603
andrea.krieger@sib.smf.sachsen.de

Stallhof

Umgeben von Schloss, Johanneum und dem mit 22 toskanischen Säulen geschmückten Langen Gang, gilt der im 16. Jahrhundert als Schauplatz für Ritterturniere genutzte Stallhof als ältester Turnierplatz der Welt. Heute Nutzung für kulturelle Veranstaltungen, im Dezember mittelalterlicher Weihnachtsmarkt
www.schloesserland-sachsen.de, W

F Blick vom Georgenbau in Richtung Frauenkirche, beste Zeiten: mittags und nachmittags (Genehmigung für Filmteams erforderlich, ansonsten vor Veröffentlichung empfohlen → Schlösser und Gärten Dresden → Zwinger)

Fürstenzug

101 Meter langes Wandbild aus über 26.000 Meissener Porzellanfliesen, Darstellung der Herrscher des Hauses Wettin, darunter auch August der Starke, als Reiterzug.
www.schloesserland-sachsen.de, W

F **außen** von Augustusstraße und Schloßplatz; von April bis September liegt der Fürstenzug von ca. 8.30 bis 9.30 Uhr im Sonnenlicht, abends ist er angestrahlt

Dresden als Filmkulisse

Berittene Kürassiere stürmen über die Augustusbrücke an der Kathedrale vorbei durch das Georgentor. Gefolgt von einer Kutsche, aus deren Fenster eine Dame mit barocker Perücke schaut. Thekla Carola Wied blickt von der Terrasse einer mondänen Villa über das Dresdner Elbtal. Forscher entdecken in einem Dresdner Labor eine wissenschaftliche Sensation und müssen bald darauf in atemberaubenden Szenen vor ihren Verfolgern durch die Stadt fliehen.

Die sächsische Landeshauptstadt besitzt zwar keine eigenen Filmstudios und wird daher bislang von den täglichen Soaps und Telenovelas ausgelassen. Doch als Drehort wird Dresden aufgrund seiner schönen Stadtkulisse immer beliebter. Sowohl Historienfilme als auch aktuelle Thriller sind in jüngster Zeit hier gedreht worden. Besonders beliebte Locations: Augustusbrücke, Dresdner Zwinger, Theaterplatz mit Semperoper, Schloss Albrechtsberg und Parkhotel Weißer Hirsch.

Viele Projekte werden von der ➔ MDM gefördert. Welche das sind, kann man in den »Nachrichten« unter www.mdm-online.de nachlesen. Über aktuelles Drehgeschehen in Mitteldeutschland informiert der »Produktionsspiegel« unter www.mdm-online.de > Film Commission > Produktionsspiegel. MDM-geförderte Produktionen, die Dreharbeiten an Locations in Mitteldeutschland abgeschlossen haben, sind im »Drehreport« verzeichnet (www.mdm-online.de > Film Commission > Drehreport).

In Dresden gedrehte Filme (Auswahl):

»Go West – Freiheit um jeden Preis«
Go West ist eine zweiteilige TV-Produktion von 2010 über die Flucht dreier Freunde aus der DDR im Jahre 1984. Mitwirkende Schauspieler u. a.: Matthias Koeberlin und Herbert Knaup.

»Der Rote Kakadu«
Dieser Kinofilm von 2006 handelt vom Liebesdrama um einen jungen Mann in der DDR. Benannt ist der Film nach der legendären Tanzbar in Dresden. Mitwirkende Schauspieler sind u. a. Jessica Schwarz, Devid Striesow und Max Riemelt.

»Der Freischütz« (The Hunter's Bride)
Im Jahr 2010 wurde die gleichnamige Oper von Carl Maria von Weber vom Dresdner Regisseur Jens Neubert verfilmt.

»Dresden«
Dieser zweiteilige Fernsehfilm von 2006 ist ein Mix aus einer fiktiven Geschichte und den Luftangriffen auf Dresden im Februar 1945. Mitwirkende Schauspieler u. a. sind Benjamin Sadler, Felicitas Woll, Wolfgang Stumph, Marie Bäumer, Heiner Lauterbach und John Light.

»Errors of the Human Body«
Das ist ein Psychothriller des australischen Regisseurs Eron Sheean. Gedreht wurde im Max-Planck-Institut Dresden, Filmstart ist voraussichtlich 2012.

»A Royal Affair«
Im Historiendrama um die Liebe zur dänischen Königin spielt Superstar Mads Mikkelsen (Casino Royal, Adams Äpfel) die Hauptrolle. Der Film soll 2012 in die Kinos kommen.

»The Danish Girl – Das dänische Mädchen«
The Danish Girl erzählt die Geschichte eines Mannes Anfang des 20. Jahrhunderts, der beschließt, fortan als Frau zu leben. Dieser Film ist in Planung, Nicole Kidman soll die Hauptrolle spielen und zum Dreh nach Dresden kommen.

»Der Turm«
Geplante Fernsehproduktion von Christian Granderath und Nico Hofmann mit Drehbuchautor Thomas Kirchner nach dem preisgekrönten Roman von Uwe Tellkamp, der das Leben des Dresdner Bürgertums in der Endphase der DDR im Villenviertel »Weißer Hirsch« thematisiert. In einer der Hauptrollen ist Jan Josef Liefers zu erleben.

Die frühesten bewegten Bilder aus der Stadt selbst stammen aus dem Jahr 1903 und zeigen Alltagsszenen aus der Dresdner Innenstadt, u. a. eine Fahrt über die Augustusbrücke vor dem Umbau 1907. Gefunden wurden diese Aufnahmen auf dem Dachboden eines Hauses in Südtirol. Nach Dresden kamen sie durch den Dresdner Kameramann und Filmesammler Ernst Hirsch. Dieser besitzt die größte Sammlung an historischen Filmen über Dresden und macht sie auch der Öffentlichkeit zugänglich. (www.hirschfilm.de)
Dresden hat auch ein internationales Filmfestival zu bieten. Das FILMFEST DRESDEN stellt den Kurzfilm in all seinen Facetten in den Mittelpunkt und führt Beiträge aus aller Welt im Programm. Das Festival versteht sich in erster Linie als Publikumsfestival, aber auch als Fachveranstaltung und hat sich seit seiner Gründung 1989 zu einem der renommiertesten und höchstdotierten Kurzfilmfestivals in Europa entwickelt. Mit internationalen und nationalen Wettbewerbsprogrammen, verschiedenen Sonderprogrammreihen und neuen Ideen, wie beispielsweise Häuserfassaden als Leinwände zu nutzen, schaffen es die Organisatoren immer wieder, das Publikum zu begeistern. www.filmfest-dresden.de
Ebenfalls sehr bekannt sind die Filmnächte am Elbufer. Deutschlands größtes Freilichtkino-Festival findet jedes Jahr vor der Kulisse der Altstadt an den Elbwiesen statt. Auf der größten mobilen Kinoleinwand der Welt können die Zuschauer aktuelle und historische Streifen sowie Konzerte nationaler und internationaler Künstler in einer einzigartigen Atmosphäre genießen. www.filmnaechte-am-elbufer.de
Auch im Bereich Soundtrack haben Künstler aus Dresden mitgemischt. Die sechsköpfige Gruppe Polarkreis 18 produzierte die Filmmusik zur Buchverfilmung »Krabat« aus dem Jahre 2008. Ebenfalls bei einer Romanverfilmung wirkte der Kinderchor der Dresdner Philharmonie mit. In der Oscar-prämierten Produktion von »Der Vorleser« spielte der Chor an der Seite von Hollywoodstar Kate Winslet. Für den computeranimierten Trickfilm »Lauras Stern« steuerten die Jungen und Mädchen die Chormusik bei.

Eine Auswahl von in Dresden lebenden oder in Dresden geborenen Filmschaffenden:

Hilmar Eichhorn (Schauspieler)
- Inglourious Basterds

Harry Engel (Regisseur und Schauspieler)
- Tatort
- Soweit die Füße tragen
- Der Kommissar
- Der Alte

Thomas Fritsch (Schauspieler, Synchronsprecher)
- Der Kommissar
- Derrick
- Der Wixxer
- Synchronsprecher für mehrere Hollywoodfilme

Bojan Heyn (Schauspieler)
- Good Bye Lenin
- Aeon Flux

Hansjürgen Hürrig (Schauspieler)
- Polizeiruf 110
- Alarm für Cobra 11

Jan Josef Liefers (Schauspieler, Synchronsprecher, Regisseur)
- Knockin' on Heaven's Door
- Das Wunder von Lengede
- Bis zum Ellenbogen
- Der Turm

Claudia Michelsen (Schauspielerin)
- Napola
- Die Päpstin

Volker Michalowski (Schauspieler, Komiker)
- Comedy Zack! Comedy nach Maß
- Der Rote Kakadu
- Das Leben der Anderen
- Inglourious Basterds

Horst Naumann (Schauspieler und Seriendarsteller)
- Tatort
- Das Traumschiff
- Die Schwarzwaldklinik

Tom Pauls (Comedian; lokal bekannt in seiner Rolle als Ilse Bähnert)
- In aller Freundschaft

Olaf Schubert (Comedian)
- Quatsch Comedy Club

Robert Siodmak (Regisseur)
- Oscar-Nominierung für Rächer der Unterwelt und Nachts, wenn der Teufel kam
- wichtiger Vertreter des »Film Noir«

Stephanie Stumph (Schauspielerin, Tochter von Wolfang Stumph)
- Stubbe – von Fall zu Fall
- Valerie
- Küstenwache
- SOKO

Wolfang Stumph (Schauspieler, Kabarettist)
- Go trabi go
- Stubbe – von Fall zu Fall
- u. v. a.

SPECIAL

Zwinger

Der Dresdner Zwinger gilt als bedeutendstes Bauwerk des Spätbarock in Deutschland. 1710 bis 1728 in Zusammenarbeit des Architekten Matthäus Daniel Pöppelmann und des Bildhauers Balthasar Permoser entstanden, diente er ursprünglich als Orangerie und höfischer Festspielplatz, später als Ausstellungsgebäude. 1847 bis 1855 Bau der Sempergalerie. Im Zwinger befinden sich die Gemäldegalerie Alte Meister, die Rüstkammer, die Porzellansammlung und der Mathematisch-Physikalische Salon.
www.schloesserland-sachsen.de; W

F **außen** Stadtpavillon: von Sophienstraße, beste Zeiten vormittags bis mittags; Kronentor mit Zwingerteich: von Sophienstraße/Ostra-Allee, beste Zeiten mittags bis nachmittags
F **oben** Blick vom Hotel Taschenbergpalais Kempinski (Genehmigung ➔ Hotel Taschenbergpalais Kempinski); Museen im Innern des Zwingers (Genehmigung ➔ Staatliche Kunstsammlungen Dresden)
F **innen** Zwinger-Innenhof, Nymphenbad mit Wasserspielen, Balustraden mit Figuren, Gelände des Zwingerteichs mit Denkmälern für Robert Schumann und Heinrich Schütz (Genehmigung ➔ Schlösser und Gärten Dresden ➔ Geschäftsstelle Brühlsche Terrasse/Zwinger/Stallhof Zwinger/Theaterplatz, 01067 Dresden Tel. +49 351 4383703-11)
J christine.schiebold@schloesserland-sachsen.de
www.schloesserland-sachsen.de/de/fotogalerie. Hier sind genaue Nutzungsbedingungen als PDF einsehbar.

Kathedrale

1738 bis 1554 von Gaetano Chiaveri als katholische Hofkirche im Barockstil errichtet, ist die Kathedrale der größte Kirchenbau Sachsens. Seit 1980 ist sie Kathedrale des Bistums Dresden-Meißen. Sie besitzt eine kostbare Innenausstattung mit einer Rokokokanzel von Balthasar Permoser, einem Altargemälde von Anton Raphael Mengs und einer Silbermann-Orgel. In ihrer Gruft finden sich Sarkophage der Wettiner und in einem Gefäß das Herz Augusts des Starken.
www.kathedrale-dresden.de, W

F **außen** von Augustusbrücke, Schloßplatz und Neustädter Elbufer: beste Zeiten morgens; vom Theaterplatz: beste Zeiten nachmittags
F **innen** nach Genehmigung → Dompfarramt der Kathedrale, Schloßstraße 24, 01067 Dresden, Tel. +49 351 48 44 712
J info@kathedrale-dresden.de

Brühlsche Terrasse

Aufgrund der herrlichen Aussicht auch »Balkon Europas« genannt, wurde 1739–48 auf dem Festungswall als privater Lustgarten des Grafen Brühl angelegt, 1814 mit der breiten Treppenanlage versehen und der Öffentlichkeit übergeben. In den Gewölben unterhalb der Terrasse gelang Johann Friedrich Böttger 1708 die Herstellung des ersten europäischen Hartporzellans. Denkmäler für J. F. Böttger, Ernst Rietschel, Gottfried Semper, Caspar David Friedrich und Ludwig Richter (im Wiederaufbau) sowie Bronzeplastiken »Die vier Tageszeiten« von Johannes Schilling. Unter der Brühlschen Terrasse kann man die Tonnengewölbe und Kasematten des ehemaligen Stadtfestungswalls aus dem 16. Jahrhundert besichtigen.
Festung Dresden – Kasematten
Georg-Treu-Platz, 01067 Dresden
Tel. +49 351 438370320
Apr. bis Okt.: täglich 10–18 Uhr,
Nov. bis März: täglich 10–17 Uhr
www.schloesserland-sachsen.de, W

F **außen** vom Terrassenufer oder Neustädter Elbufer
F **innen** Festung Dresden (Genehmigung → Schlösserland Sachsen → Zwinger)
F **auf der Brühlschen Terrasse** nach Genehmigung → Schlösser und Gärten Dresden → Zwinger; beste Zeiten: früher Vormittag, blaue Stunde bzw. für die Denkmäler: tagsüber. Für nichtprivate Film- und Fotoaufnahmen besteht auf der gesamten Brühlschen Terrasse vorherige Genehmigungspflicht.

Kunstakademie mit Kunsthalle

1891–94 im Stil der Neorenaissance auf der Brühlschen Terrasse errichtet. Auffallend ist die große Glaskuppel mit der vergoldeten, auch »Zitronenpresse« genannten »Fama«, heute Sitz der Hochschule für Bildende Künste. In der dazugehörigen Kunsthalle werden u. a. wechselnde Expositionen moderner Kunst gezeigt. Die Ausstellungshalle erinnert in ihrer rohen Backsteinausstattung an römische Thermen. Lebendige Atelierräume.
www.hfbk-dresden.de

F **außen** beste Perspektiven und Zeiten: vom Königsufer, von der Carolabrücke morgens und abends, vom Georg-Treu-Platz morgens, von der Kuppel der Frauenkirche mittags
F **innen** nach Genehmigung → Hochschule für Bildende Künste Dresden
J Andrea Weippert
Brühlsche Terrasse 1, 01288 Dresden
Tel. +49 351 49267-16
weippert@serv1.hfbk-dresden.de

Kronentor im Dresdner Zwinger | © DMG | Michael Lange

Neue Synagoge
2001 am Ort der 1938 zerstörten, von Gottfried Semper errichteten Synagoge erbaut. Das Gebäudeensemble besteht aus zwei Würfeln; der größere Hauptbau mit stufenweiser Drehung in die Gebetsrichtung Osten. Der goldene Davidstern am Eingangstor ist das einzige gerettete Originalstück der Sempersynagoge. Inneneinrichtung durch Deutsche Werkstätten Hellerau.
www.das-neue-dresden.de/synagoge

F **außen** beste Perspektiven und Zeiten: von der Elbe morgens, von Menora-Leuchter ab frühem Nachmittag
F **innen** nach Anmeldung ➔
Jüdische Gemeinde zu Dresden
Hasenberg 1, 01067 Dresden
Tel. +49 351 6560720
(nur Di. 10–12, 13–15 Uhr) oder
Hatikva e.V. Tel. +49 351 8020489
J liehm@hatikva.de

Neue Synagoge | © DMG | Christoph Münch

Kreuzkirche
1765–92 im Stil des Spätbarock/Frühklassizismus errichtet, hatte die Kreuzkirche bereits drei Vorgängerbauten. Heute ist sie die größte Kirche und der größte Konzertraum der Stadt, Gedenkstätte für Komponisten Heinrich Schütz und Heimstatt des Dresdner Kreuzchors. Denkmal vor der Kirche. Samstags 17 Uhr Vesper mit dem ➔ Kreuzchor oder einem anderen Ensemble.
www.kreuzkirche-dresden.de, W

F **außen** beste Perspektive und Zeit: vom Platz an der Kreuzkirche, mittags
F **innen** nach Genehmigung ➔
Evangelisch-Lutherische Kreuzkirchgemeinde
J Elke Schöne, Pressestelle
An der Kreuzkirche 6
01067 Dresden
Tel. +49 351 439 39 48
elke.schoene@kreuzkirche-dresden.de
bzw. ➔ Kreuzchor (bei Gottesdiensten und Konzerten mit Chorbeteiligung)

Das Neue Rathaus mit dem höchsten Turm der Stadt
Das Neue Rathaus Dresden von 1910 wurde 1945 in großen Teilen zerstört. Von 1946 bis 1965 erfolgte der Wiederaufbau. Mehrere Künstler waren an der Gestaltung des Baus beteiligt. So schuf Karl Groß das Gitter der »Goldenen Pforte«, hinter der sich der Eingang in das mit Ornamenten geschmückte Treppenhaus befindet. Der Haupteingang des Rathauses befindet sich am Dr.-Külz-Ring 19. An der Ostseite des Rathauses erinnert die von Walter Reinhold geschaffene Plastik der Trümmerfrau an die Dresdnerinnen, die nach der Zerstörung der Stadt mit der Beräumung der Trümmer begannen. Auf dem Rathausturm – dem höchsten Turm der Stadt – wacht schützend der Herkules verkörpernde Rathausmann. Auf der Aussichtsplattform in 68 Metern Höhe kann man den Blick auf Dresden und das Umland genießen. Einen guten Überblick über die Stadt verschafft aber auch das 56 Quadratmeter große Stadtmodell im Lichthof des Rathauses. Im Maßstab 1:500 zeigt es bereits vorhandene und geplante Gebäude Dresdens. Derzeit wird das Rathaus bis Mitte 2014 saniert.
Öffnungszeiten:
- Neues Rathaus mit Stadtmodell
  Mo. bis Fr. 9–18 Uhr
- Rathausturm: 1. April bis 31. Oktober, täglich von 10–18 Uhr
  (letzter Einlass 17.30 Uhr)

Rathaus | © DMG | Landeshauptstadt Dresden

F außen beste Perspektive und Zeit: vom Georgenplatz oder mit der Statue der »Trümmerfrau«, vormittags
F innen und Turm mit Genehmigung ➔ Landeshauptstadt Dresden
Presse- und Öffentlichkeitsarbeit
J Pressesprecher Kai Schulz
Tel. +49 351 488-2189, -2871
presse@dresden.de

Prager Straße
Das Ensemble aus den 1970er-Jahren steht für die ästhetische Verwandlung von DDR-Architektur in zeitgemäße Shopping-Atmosphäre. Die enge Fußgängerzone weitet sich an der Centrum-Galerie zum Platz. Besonders belebt ist die Prager Straße während des ➔ Dixieland Festivals.
www.das-neue-dresden.de/prager-Straße-1963-70.html, **W**

F außen tagsüber bis Geschäftsschluss. Einfahrtsgenehmigungen für Fahrzeuge über das ➔ Straßen- und Tiefbauamt.
F oben Blick vom Hotel Pullman Newa: nach Anfrage und Verfügbarkeit ➔ Hotel Pullman Newa

Russisch-Orthodoxe Kirche
1872–74 für die russische Gesandtschaft im Königreich Sachsen im Stil altrussischer Kirchen des 17. Jahrhunderts erbaut.
http://stsimeon.bplaced.net/de/index.php/
http://bit.ly/wiki-russDD

F außen vom öffentlichen Straßenraum
F innen nach Genehmigung ➔ Russisch-Orthodoxe Kirche des Hl. Simeon vom Wunderbaren Berge
Gemeindevorsteher:
J Erzpriester Georgi Dawidow
Fritz-Löffler-Str. 19, 01069 Dresden
Tel./Fax +49 351 4719414

Jüdisches Dresden

Die jüdische Geschichte Dresdens im Mittelalter ist nur noch durch den »Jüdenhof«, den Platz vor dem Johanneum, präsent. Nach Pogromen wurden die letzten Juden 1430 ausgewiesen; erst durch August den Starken wurden wieder jüdische Menschen in Sachsen geduldet. Bis 1933 stieg die Mitgliederzahl der jüdischen Gemeinde auf rund 5000 an. Die Diskriminierung und Verfolgung von Juden in Dresden ist besonders eindrücklich und ausführlich in den Tagebüchern von Victor Klemperer (»Ich will Zeugnis ablegen bis zum letzten«, ISBN 978-3-7466-5511-6«) dokumentiert. Erst kürzlich hat die

Jüdischer Friedhof | © DMG | HATiKVA e.V.

Ausstellung »Verstummte Stimmen« (www.verstummtestimmen.de) auch die Judenverfolgung an den Dresdner Theatern aufgearbeitet.
Erster Ansprechpartner zum Thema ist der Verein Hatikva, der auch einen Stadtplan durch das jüdische Dresden herausgegeben hat.
www.hatikva.de/auftritt/STADTPLANfertig.pdf, http://bit.ly/wiki-juedDD

Neustadt

Die heutige Dresdner Neustadt nördlich der Augustusbrücke war als »Altendresden« im Mittelalter ein eigenständiger Ort. Nach dem Stadtbrand von 1685 ließ August der Starke das Gebiet bis zum Albertplatz, die heutige »Innere Neustadt«, als »Königliche Neue Stadt zu Dresden« im Barockstil wieder aufbauen. Außerhalb der alten Stadtmauern entstand im 19. Jahrhundert die Äußere Neustadt, auch Antonstadt genannt. Beide rechtselbischen Gebiete wurden vom Bombardement 1945 weitgehend verschont und haben daher ihren ursprünglichen Charakter bewahrt.

Neustädter Markt

Sanierte Plattenbauten markieren den Neustädter Markt und den Eingang zur Hauptstraße. Beliebte Fotomotive:

- Goldener Reiter (August der Starke zu Pferde), http://bit.ly/wiki-goldener-reiter
- Blockhaus von Zacharias Longuelune Außenansicht http://bit.ly/blockhausDD, www.saechsische-landesstiftung.de
- Sarrasani-Brunnen von Vinzenz Wanitschke an der Haltestelle Carolaplatz (erinnert an den 1945 zerstörten ersten festen Zirkusbau in Dresden)

Blick vom Neustädter Markt auf das Schloss | © DMG | Frank Exß

Jägerhof

Ältestes erhaltenes Gebäude Dresdens, Ende des 16. Jahrhunderts im Stil der Renaissance als Vierflügelanlage erbaut und für die kurfürstliche Jagd genutzt, von 1830 bis 1877 Kavalleriekaserne, danach Abriss des Gebäudes bis auf den Westflügel, seit 1913 Ausstellungsgebäude des Museums für Sächsische Volkskunst (➔ SKD). www.skd.museum, W

F **außen** mittags, beste Jahreszeit: April mit rosa blühenden Pflaumenbäumen
F **innen** Vorführung traditioneller Volkskunst im Advent und vor Ostern; nach Genehmigung ➔ SKD

Kunsthandwerkerpassagen und Kügelgenhaus

In den barocken Bürgerhäusern der Hauptstraße haben Kunsthandwerker, Töpfer, Porzellanmaler, Korbmacher, Metallgestalter und Floristen ihre Geschäfte eingerichtet und laden zum Schauen, Kaufen und Verweilen ein. In den Passagen und Höfen mehrere Cafés und Restaurants. Im Kügelgenhaus befindet sich das Museum der Dresdner Romantik mit dem nachgestalteten Atelier des Malers W. von Kügelgen (Erinnerungen an Goethe, Schiller, Schumann; unter den Kunstwerken eine Kopie Kügelgens von Raffaels Sixtinischer Madonna). www.hauptsache-hauptstrasse.de

F **außen** beste Zeiten: vormittags bis mittags
F **innen** auf Anfrage ➔ Museen der Stadt Dresden bzw. Direktabsprache mit den Gastronomen und Ladenbesitzern

Dreikönigskirche

1732–39 nach Plänen von Matthäus Daniel Pöppelmann und George Bähr entstanden, Kirchturm folgte erst ca. 100 Jahre später, 1945 bis auf Umfassungsmauern, Altar und Turm zerstört, heute nach Rekonstruktion

Japanisches Palais / © DMG / Frank Exß

als Haus der Kirche auch Veranstaltungs- und Kongressstätte. Im Inneren Renaissancerelief »Dresdner Totentanz« von Christoph Walther I. www.hdk-dkk.de; W

F **außen** beste Perspektiven und Zeiten: von Königstraße/Rebeccaplatz nachmittags oder vom Palaisplatz (mit Königstraße) ganztägig
F **oben** vom Turm aus herrliche Perspektive auf Alt- und Neustadt (Gegenlicht der Mittagssonne vermeiden); für Filmteams nach Anfrage ➔ Dreikönigskirche – Haus der Kirche
F **innen** nach Anfrage ➔ Dreikönigskirche – Haus der Kirche
J Frank Seewald, Direktor
Hauptstraße 23
01097 Dresden
Tel. + 49 351 8124-100, -101
direktor@hdk-dkk.de

Barockviertel Königstraße

1731 nach Plänen Pöppelmanns zwischen Japanischem Palais und Albertplatz als barockes Ensemble von bürgerlichen Wohnhäusern mit freien Innenhöfen angelegt, seit 1990 originalgetreu restauriert, heute eine attraktive Shoppingmeile mit edlen Boutiquen, ausgezeichneten Restaurants und modernen Kunstgalerien. Originale Barockhäuser säumen die Haupt- und die Königstraße. Hier haben sich auch zahlreiche Galerien etabliert. www.kunstindresden.de/galerien.html

F **außen** beste Perspektiven und Zeiten: vom Albertplatz nachmittags oder am Goldenen Reiter vormittags und nachmittags

Japanisches Palais

1715 als Holländisches Palais errichtet, später (1727–36) für August den Starken zur barocken Vierflügelanlage im damals modernen chinoisen Stil erweitert, die auffälligen Dachformen aus der japanischen Architektur gaben dem Palais seinen Namen.
Im Palais werden heute gezeigt: Ausstellungen des Landesamtes für Archäologie (Umzug nach Chemnitz geplant), der Senckenberg Naturhistorischen Sammlungen und des Museums für Völkerkunde (➔ SKD). www.skd.museum, W

F **außen** beste Perspektiven und Zeiten: von Königstraße/Palaisplatz vormittags und nachmittags oder von Palaisgarten/Elbufer ganztägig
F **innen** Innenhof ➔ nach Anfrage Landesamt für Archäologie,
Innenräume ➔ siehe Museen, S. 42

Neustädter Markthalle
über 100 Jahre alter Gründerzeitbau, 2000 stilgerecht restauriert mit schmiedeeisernen Geländern, kunstvollen Eisentreppen und Lampen der Gründerzeit, attraktive Einkaufsstätte mit vielfältigem Angebot
www.markthalle-dresden.de W

F **außen** bester Blick von Ritterstraße oder Albertstraße.
F **innen** nach Anfrage ➔ Konsum Dresden
Neustädter Markthalle GmbH & Co. KG
Metzer Straße 1, 01097 Dresden
Tel. +49 351 8105445 (Markthalle)
Tel. +49 351 4136-0
J Herr Uhlke, Pressesprecher Konsum
presse@konsum-dresden.de

Szeneviertel Äußere Neustadt
Gründerzeitviertel um Alaun- und Louisenstraße mit urwüchsigem Flair, resultierend aus dem reizvollen Wechsel von restaurierten und alten Häusern, engen Gassen, verwinkelten Hinterhöfen, Geschäften von elegant bis schrill; unzählige Kneipen, Restaurants und Bars, Szenetreff.
www.dresden.de/tourismus
www.neustadt-ticker.de
www.dresden-neustadt.de
http://dieneustadt.de/
www.kneipensurfer.de
www.gegenpol.net
http://de.wikipedia.org/wiki/Antonstadt

Dresden in 3D erleben

Seit Juli 2007 präsentiert sich die Landeshauptstadt Dresden der weltweiten Öffentlichkeit in 3D und publiziert ihre zentral geführten dreidimensionalen Kommunaldaten in Google Earth. Mit dem 3D-Modell kann man Sachsens Hauptstadt aus verschiedenen Blickwinkeln erleben: Der Nutzer hat die Möglichkeit, über das Rathaus und die Frauenkirche zu schweben, auf Plätzen zu landen oder auch über Brücken oder durch Straßen zu fliegen. Zu sehen sind aktuelle Luftbilddaten, ca. 135 000 Gebäude der automatisierten Liegenschaftskarte in drei verschiedenen Detaillierungsgraden – davon 96 400 Gebäude als Klötzchen, 38 000 Gebäude mit einfachen Dachstrukturen aus eigener Modellierungsarbeit und 295 Architekturmodelle. Das Modell und weitere Informationen unter: www.dresden.de/3d.

Alstadt, Blick von der Frauenkirche | DMG | © Ute Roßberg

Kunsthofpassage

Durchgang durch fünf miteinander verbundene thematisch gestaltete Höfe zwischen Görlitzer Straße 23/25 und Alaunstraße 70 mit einfallsreicher Architektur, fantasievollen Details, individuellen Läden, Ateliers und einladenden Restaurants.
www.kunsthof-dresden.de

F **außen** Innenhof: beste Motive: Durchgang im Hof der Fabelwesen und Hauptfassaden im Hof der Elemente und Hof der Tiere. Obwohl die Passage teilweise privater Raum ist, waren bislang keine Drehgenehmigungen erforderlich. Für Kontakte zu Ladenbesitzern oder zu den Künstlern, die die Passage gestaltet haben:
J IG Kunsthofpassage Dresden
Vorsitzender Jens Dusil
Görlitzer Straße 25
01099 Dresden
Tel. +49 351 6465355
info@kunsthof-dresden.de

Jüdischer Friedhof

1751 angelegt, ist der Jüdische Friedhof der älteste seiner Art in Sachsen. Nach Eröffnung des neuen jüdischen Friedhofs in der Johannstadt 1869 wurde er geschlossen.
F **außen** Blick durch das Gitter in der Pulsnitzer Straße. Betreten des Geländes nur mit Kopfbedeckung nach Anmeldung:
Zentrum für Jüdische Kultur
HATIKVA e.V. – Die Hoffnung
Bildungs- und Begegnungsstätte für Jüdische Geschichte und Kultur Sachsen
J Dr. Nora Goldenbogen
Pulsnitzer Straße 10
01099 Dresden
Tel. +49 351 8020489
info@hatikva.de

Kunsthofpassage: Hof der Elemente (Licht) | © DMG | Frank Exß

Pfunds Molkerei

»Der schönste Milchladen der Welt« mit Eintrag im Guinness-Buch der Rekorde, einst das Milchgeschäft der 1880 gegründeten Molkerei der Gebrüder Pfund. Auf Wänden, Fußboden und Verkaufstresen fantasievoll gestaltete Fliesengemälde im Stil der Neorenaissance aus der Kunstabteilung der Dresdner Steingutfabrik Villeroy und Boch.
www.pfunds.de

F Das einzigartige Ladengeschäft ist Ziel zahlreicher Stadtrundfahrten und in der Hauptsaison entsprechend gut besucht. Daher empfehlen sich Foto- und Filmaufnahmen zur aktuellen oder touristischen Berichterstattung zu Beginn der Öffnungszeiten (Mo. bis Sa. 10–18 Uhr, So. und feiertags 10–15 Uhr). Da im Laden ein generelles Fotoverbot besteht, sind Aufnahmen nur nach Voranmeldung mit Angabe des Mediums und des Verwendungszwecks möglich.
Dresdner Molkerei Gebrüder Pfund GmbH
Geschäftsführer Dr. Frank Zabel
J Frau Wülfing (Marketing)
Bautzner Straße 79, 01099 Dresden
Tel. +49 351 808080, info@pfunds.de

Schlösser entlang der Elbe

Elbschlösser am Loschwitzer Elbhang gelegen mit herrlicher Aussicht, umgeben von ausgedehnten Parkanlagen.

F **außen** vom Käthe-Kollwitz-Ufer: Vormittag bis früher Nachmittag. Beliebt ist die Ansicht mit einem vorbeifahrenden Raddampfer. Fahrplan siehe unter www.saechsische-dampfschifffahrt.de. Die Schiffe passieren die Elbschlösser flussaufwärts ca. 25 Minuten nach Abfahrt Terrassenufer, flussabwärts ca. 10 min. nach Abfahrt Blasewitz.
F **außen** Parks von Schloß Albrechtsberg und Lingnerschloss; für kommerzielle Fotoaufnahmen sowie für Filmteams → nach Anfrage Schloß Albrechtsberg bzw. Lingnerschloss

Schloß Albrechtsberg

1851–54 im spätklassizistischen Stil für Prinz Albrecht von Preußen erbaut, Festsaal und Salons stehen für Kongresse und kulturelle Veranstaltungen zur Verfügung. Im Kavaliershaus betreibt Lutz Müller das der Innenstadt am nächsten gelegene Weingut (Weinberge unterhalb der Elbschlösser). Sein Vater, Dr. Christian Müller, bietet Schlenderweinproben durch die Parkanlagen sowie regelmäßige Weinseminare an.
www.schloss-albrechtsberg.de
www.winzer-mueller.de
(siehe Special Wein, Seite 106/107)

Schloß Albrechtsberg
Bautzner Straße 130, 01099 Dresden
c/o Konzert- und Kongressgesellschaft
J Claudia Hofmann, Leiterin Marketing/PR
Kulturpalast, Schloßstraße 2
01067 Dresden
Tel. +49 351 4866-357
c.hofmann@kkg-dresden.com

Lingnerschloss

Ursprünglich Wohnsitz für den Kammerherrn des Prinzen (»Villa Stockhausen«), später im Besitz Karl August Lingners, Fabrikant und Begründer des Deutschen Hygiene-Museums. Stimmungsvolle Gastronomie.
www.lingnerschloss.de, **P**
www.lingnerterrassen.de

Förderverein Lingnerschloss e.V.
J Ines Eschler, Presse- und Öffentlichkeitsarbeit
Bautzner Str. 132, 01099 Dresden
Tel. +49 351 2637254
info@lingnerschloss.de

Elbschlösser © DMG | Frank Exß

Schloss & Park Pillnitz: Bergpalais | © DMG | Christoph Münch

Schloss Eckberg

1859–61 im Stil der englischen Neugotik errichtet, Gartenanlage und Schloss - heute Hotel und Restaurant - sind Zeugnis später Dresdner Romantik. Unterhalb des Hauptturms Statue »Sonnenanbeter« von Sascha Schneider.
www.schloss-eckberg.de

Schloss Eckberg – Hotel & Restaurant-betriebsgesellschaft mbH
J Herr und Frau Herrmann
Bautzner Straße 134
01099 Dresden
Tel. +49 351 80990
info@schloss-eckberg.de

Schloss Pillnitz

Erbaut 1720–30 als Lustschloss Augusts des Starken durch Matthäus Daniel Pöppelmann und Zacharias Longuelune, klassizistisch erweitert zwischen 1778 und 1830 und als Sommerresidenz der sächsischen Kurfürsten und späteren Könige genutzt. Bedeutendstes Beispiel chinoiser Architektur in Europa. Besonders sehenswert ist der Schlosspark mit der ältesten Kamelie Europas nördlich der Alpen (über 270 Jahre alt), dem Chinesischen und dem Englischen Pavillon, einer Schaluppe und der barocken Orangerie. Im Innern: Schlossmuseum mit Königlicher Hofküche, Katholischer Kapelle und Kuppelsaal (betrieben durch die

Waldschlösschenbrücke

Sie ist schon lange geplant, wird konträr diskutiert und voraussichtlich 2012 fertiggestellt sein: die Dresdner Waldschlösschenbrücke. Erste Planungsunterlagen für die mittlerweile international bekannte Brücke über die Elbe stammen aus dem Jahr 1876. Politische und wirtschaftliche Gründe verhinderten bis in die 1990er Jahre den Brückenbau. Ein Bürgerentscheid entschied schließlich 2005 für den Bau der Brücke. Ende 2012 sollen die ersten Autos über die neue Elbquerung fahren. Die Waldschlösschenbrücke ist ein zentraler Bestandteil im Verkehrskonzept von Dresden. Durch ihren Bau werden die anderen sechs Elbbrücken entlastet, es entsteht ein leistungsfähiger Verkehrsweg, der die links- und rechtselbischen Stadtteile im Osten Dresdens verbindet. Die neue Brücke soll die Verkehrssituation in den Spitzenzeiten entschärfen und den Verkehrsfluss in der Stadt verbessern. Weitere Informationen unter: www.dresden.de/waldschloesschenbruecke

Staatlichen Schlösser, Burgen und Gärten Sachsen ➔ Zwinger ➔ Großer Garten) und Kunstgewerbemuseum in den barocken Seitenflügeln (➔ SKD)
www.schloesserland-sachsen.de
www.schlosspillnitz.de W

F **außen** Parkgelände: vom Kleinzschachwitzer Elbufer oder von der Elbe aus sowie innerhalb des Parkgeländes für nicht kommerzielle Berichterstattung (Fotos). Schöne Fotomotive bieten alljährlich das Elbhangfest (letztes Juni-Wochenende) und die Pillnitzer Schlossnacht (Anfang August) mit barock kostümierten Gruppen und dem stimmungsvoll erleuchteten Palais.
F **außen und innen** Schloss und andere Gebäude: nach Genehmigung ➔ Schlösserland Sachsen (➔ Zwinger) oder ➔ Schlösser und Gärten Dresden
J Sybille Gräfe,
Leiterin Geschäftsstelle Schloss Pillnitz
August-Böckstiegel-Straße 2,
01326 Dresden, Tel. +49 351 2613-265
sybille.graefe@schloesserland-sachsen.de

Schloss Schönfeld

Das malerische Wasserschloss aus der Renaissance (1774) liegt abseits der Tourismuspfade. Es wird für Veranstaltungen mit Schwerpunkt Zauberei und Artistik genutzt. www.daszauberschloss.de

F **außen** schöner Blick von Südwesten auf das Schloss und die dahinter stehende Kirche.
F **innen** nach Genehmigung ➔ Kunst- & Kulturverein Schloss Schönfeld e.V.
J Dipl.-Ing. (FH) Pat.-Ing. Ingo Weißfloh, Vorstandsvorsitzender
Am Schloss 2, 01328 Dresden-Schönfeld
Tel. +49 351 2632628
info@DasZauberschloss.de

Schlösser der Sächsischen Schweiz

Die Schlösser, Burgen und Parks in der Sächsischen Schweiz sind nicht nur sehenswerte Reiseziele, sondern aufgrund ihres hervorragenden historischen Erhaltungszustandes auch ideale Fotomotive und Filmkulissen. Hier eine Auswahl:

Schloss Weesenstein / © TMGS / Manfred Lohse

Burg Stolpen (Stolpen) war der Verbannungsort der bekannten Mätresse Augusts des Starken, der Gräfin Cosel. An sie erinnern eine Ausstellung in den ehemaligen Wohnräumen im Johannisturm und ihre Grabstelle in der Burgkapelle. Außerdem sind u. a. mehrere Türme und ausgedehnte Keller und Verliese, der tiefste naturbelassene Basaltbrunnen der Erde und eine Folterkammer.
Die **Festung Königstein** (Königstein/Sachsen) ist ein einzigartiges Baudenkmal, das weithin sichtbar auf einem Tafelberg in der Sächsischen Schweiz thront. Ihre Geschichte lässt sich über 800 Jahre zurückverfolgen. Den Wettinern diente sie als Ort höfischer Repräsentation und Zufluchtsstätte in unruhigen Zeiten. Darüber hinaus ist sie als »Sächsische Bastille« für politische Gefangene und als Kriegsgefangenenlager in die Geschichte eingegangen.

Schloss Weesenstein (Müglitztal) wurde auf einem Felssporn von oben nach unten gebaut und vereinigt verschiedene Baustile von Mittelalter über Barock bis zum Klassizismus. Es erlangte als Sommersitz König Johanns von Sachsen im 19. Jh. Berühmtheit. Sehenswert sind auch die Gartenanlage im französischen Stil, die hauseigene Brauerei und die Königliche Schlossküche. Ganz in der Nähe befindet sich die Uhrenstadt Glashütte.

Der **Barockgarten Großsedlitz** (Heidenau) wurde unter Graf Wackerbarth als größter sächsischer Barockpark errichtet und später von August dem Starken erworben, verändert und ausgebaut. Zahlreiche historische Statuen und Wasserspiele sowie zwei Orangerien und ein Schlösschen zieren die weitläufige Anlage.

Schloss Zuschendorf (Pirna) ist nicht nur der stimmungsvolle ehemalige Stammsitz der berühmten Familie von Carlowitz, sondern beherbergt auch Sachsens bedeutendste Zierpflanzensammlungen von Kamelien, Azaleen, Hortensien und anderen Zeugnissen des einst größten Gartenbaustandortes der Welt – Dresden. Besonders empfehlenswert im März/April in Kombination mit Pillnitz. Das Schloss ist von März bis Oktober (ausgenommen Ausstellungsumbau) für Besucher geöffnet.

www.schloesserland-sachsen.de,

P A W

www.burg-stolpen.de
www.festung-koenigstein.de
www.schloss-weesenstein.de
www.barockgarten-grosssedlitz.de
www.kamelienschloss.de und
www.landschloss-zuschendorf.de

F **außen** in allen Schlössern und Gärten außer Zuschendorf, wo keine Genehmigungen erforderlich sind, erteilt das Schlösserland Sachsen (→ Zwinger) Genehmigungen im Vorfeld. Außenaufnahmen zur aktuellen Berichterstattung sind genehmigungsfrei.

Botanische Sammlungen der TU Dresden
Landschloss Pirna-Zuschendorf
Am Landschloss 6, 01796 Pirna
Info-Telefon + 49 03501 527710

Festung Königstein | DMG | © Staatliche Schlösser, Burgen und Gärten Sachsen | Bernhard Fischer, Luftbildfotografie, Wickede

Schlösser im Sächsischen Elbland

Das Sächsische Elbland zählt zahlreiche Schlösser und Herrensitze, von denen die meisten privat genutzt werden. Die wichtigsten sind hier aufgeführt. Einen genauen Überblick gibt auch der ➔ Tourismusverband Sächsisches Elbland.

Schloss Wackerbarth

Das Schloss wurde auf Veranlassung von Graf Wackerbarth, dem wichtigsten Minister Augusts des Starken, u.a. durch M. D. Pöppelmann als Alterssitz errichtet. Die Anlage von Schloss und Belvedere ist malerisch. Der Komplex beherbergt heute das Sächsische Staatsweingut, das hier ein Erlebnisweingut mit zahlreichen Veranstaltungen eingerichtet hat. Der moderne Neubau hat mehrere Architekturpreise erhalten.
www.schloss-wackerbarth.de,
www.schloesserland-sachsen.de

F **außen** Aufgrund der Südlage ist die Anlage mit den dahinter liegenden Weinbergen ganztägig gut von außen zu fotografieren. Genehmigung erforderlich ➔

Schloss Wackerbarth | DMG | ©Schloss Wackerbarth

Staatsweingut Schloss Wackerbarth
J Ulrike Schröter, Presse,
Wackerbarthstraße 1, 01445 Radebeul
Tel. +49 351 8955218
schroeter@Schloss-Wackerbarth.de

Schloss Proschwitz

Das Schloss ist wieder im Besitz der Familie zur Lippe, nachdem Prinz Georg das Anwesen zurückgekauft hat. Der barocke Bau wurde im 19. Jh. umgestaltet und in den vergangenen Jahren liebevoll restauriert. Der englische Park ist für das Publikum geöffnet. Innen nur für Veranstaltungen. Namensgeber für das gleichnamige Weingut im ca. 5 km entfernten Zadel in historischem Dreiseithof. www.schloss-proschwitz.de

F **außen** Genehmigung für Aufnahmen in Schloss, Park und Weingut sowie Interviewwünsche an Prinz Georg zur Lippe ➔ Verwaltung des Weinguts (Tel. +49 3521 76760).
Aufnahmen des Proschwitzer Weinbergs mit Weinfass und Meißner Domtürmen im Hintergrund vom öffentlichen Straßenraum aus (Ende Katzenstufen) genehmigungsfrei.

Schloss Moritzburg und Fasanenschlösschen

Direkt vor den Toren Dresdens, inmitten einer einzigartigen Kulturlandschaft, liegt malerisch auf einer Insel das Moritzburger Jagd- und Lustschloss Augusts des Starken. Noch heute birgt es kostbare Ledertapeten, Möbel, Porzellane, Jagdtrophäen und das legendenumwobene »Moritzburger Federzimmer«, ein Kunstwerk aus zwei Millionen farbigen Federn. Seit den 1970er-Jahren wurde das Barockschloss auch zunehmend als Film-Kulisse genutzt, u. a. für den deutsch-tschechischen Märchenfilm »Drei Haselnüsse für Aschenbrödel«. Nach der erfolgreichen Sonderausstellung vor zwei Jahren können

Schloss Moritzburg | © TMGS | Manfred Lohse

Die Themen Jagd, Pferd und Natur werden durch das sächsische Landesgestüt, Kremser-Fahrten und das Wildgehege ergänzt. Im nahegelegenen letzten Wohnhaus von Käthe Kollwitz widmet sich eine Gedenkstätte dem Leben und Schaffen der bedeutenden Künstlerin.
www.schloss-moritzburg.de
www.schloesserland-sachsen.de
www.moritzburg.de

Schlossbesucher auch künftig im Winter in die Geschichte dieses zu den schönsten Märchenfilmen aller Zeiten gehörenden Streifens eintauchen. Das Fasanenschlösschen am Großteich – das einzige original erhaltene Rokoko-Schloss im Dresdner Umland – kann nach umfangreicher Restaurierung wieder besichtigt werden (Mai bis Okt.). Umgeben vom Fasanengarten, dem Hafen und der Mole mit Leuchtturm, präsentiert es sich als exklusives Kleinod in der Moritzburger Kulturlandschaft. Besonders romantisch ist die Anfahrt mit der dampflokgetriebenen »Lößnitzgrundbahn« (s. S. 120).

Albrechtsburg Meißen

Die Albrechtsburg gilt als erster Schlossbau Deutschlands und ist ein Teil des Ensembles der historischen Gebäude auf dem Meißener Burgberg. Im Innern historistische Malerei aus der Sächsischen Geschichte und des Meissener Porzellans, das hier von 1710 bis 1863 produziert wurde. Festsäle und neue Dauerausstellung »Baukunst, Macht und Porzellan in Deutschlands ältestem Schloss« mit den Themen Architektur, Historismus, Wohnen im Schloss, Landesgeschichte und Porzellanherstellung. Fotogenehmigung erforderlich.
www.albrechtsburg-meissen.de
Albrechtsburg@schloesserland-sachsen.de

Albrechtsburg Meißen | © TMGS | Tourist Information Meißen

Weitere Sehenswürdigkeiten

Palais im Großen Garten, Zoo

Der Große Garten ist die größte Parkanlage im Dresdner Stadtgebiet. Im Zentrum des ca. 2 x 1 km großen Areals steht das Gartenpalais. Dieser erste Barockbau Dresdens wird – wie zur Erbauungszeit - als Ort für Feste und Konzerte genutzt. Aus der Barockzeit stammen auch die das Palais umgebenden Kavaliershäuser, zahlreiche bedeutsame Skulpturen sowie das kleine Parktheater. Als aktuelles Naherholungsgebiet sind in späterer Zeit noch der Carolasee mit Gastronomie und Gondelbetrieb, die von Schülern betriebene Parkeisenbahn, die Freilichtbühne »Junge Garde«, das Puppentheater »Sonnenhäusel« und mehrere Biergärten dazugekommen. Die südwestliche Ecke des Großen Gartens wird vom Zoo Dresden eingenommen. Hier sind mehr als 2 000 Tiere von ca. 300 Arten zu Hause. Moderne und naturnah gestaltete Anlagen laden im viertältesten Zoo Deutschlands zu einem ungestörten Tier- und Naturerlebnis ein. Im nordwestlichen Bereich findet man die Gläserne Manufaktur der Volkswagen AG (➔ Manufakturen) und den Botanischen Garten der ➔ TU Dresden.
www.grosser-garten-dresden.de
www.dresdner-parkeisenbahn.de
www.zoo-dresden.de

F **außen** Foto und Filmen nur mit Genehmigung: im Großen Garten ➔ Schlösserland Sachsen (➔ Zwinger) bzw. im Zoo ➔ Zoo Dresden
J Kerstin Eckart,
Presse und Öffentlichkeitsarbeit
Zoo Dresden
Tiergartenstraße 1
01219 Dresden
Tel. +49 351 4780634
eckart@zoo-dresden.de

Interessante Stadtviertel

(Auswahl)

Dresden besteht aus rund 50 ehemaligen historischen Dorfkernen. Viele von ihnen warten mit interessanter Geschichte und Geschichten auf. Mit der Stadtteilgeschichte befassen sich neben zahlreichen Hobbyhistorikern u. a. auch der Dresdner Geschichtsverein, Tel. +49 351 4956074, www.dresdner-geschichtsverein.de.
Dresdner Stadteilgeschichte vermittelt hautnah vermittelt der Veranstalter Igeltour, Tel. +49 351 8044557, www.igeltour-dresden.de.
Gute Beschreibungen bietet das Dresdner Stadtlexikon und die website www.dresdner-stadtteile.de

Gartenstadt Hellerau

Zusammen mit dem Unternehmensneubau für die Deutschen Werkstätten entstand ab 1909 nach den Plänen von Richard Riemerschmid die Gartenstadt Hellerau, die eine baukünstlerisch ausgereifte, höchsten Ansprüchen an die Arbeitsbedingungen entsprechende Fabrikanlage mit einer modernen Gartenstadtsiedlung verbindet. Kultureller Mittelpunkt war das von Heinrich

Großer Garten, Palais | ©DMG | Frank Exß

Tessenow entworfene Festspielhaus, wo sich seinerzeit die Kulturelite Europas traf. Nach aufwendiger Restaurierung ist das Festspielhaus heute als Europäisches Zentrum der Künste Dresden wieder offen für experimentelle Aufführungen von zeitgenössischem Tanz und zeitgenössischer Musik. Wichtige Festivals sind TonLagen – Dresdner Festival der zeitgenössischen Musik und das Medienkunst-Festival CYNETART. Zudem ist das Haus heute Produktions- und Aufführungsort des Tanztheaters Derevo und der Forsythe Company.

F **außen** Foto und Filmen im öffentlichen Straßenraum frei. Im Festspielhaus (Bühnen) oder den Deutschen Werkstätten nur mit Genehmigung ➔ Historisches Gebäudeensemble Deutsche Werkstätten
Karl-Liebknecht-Straße 56, 01109 Dresden
J Katja Solbrig,
Presse- und Öffentlichkeitsarbeit
Tel. +49 351 2646218
solbrig@hellerau.org, www.hellerau.org
Deutsche Werkstätten
J Eva Schläfer,
Presse- und Öffentlichkeitsarbeit
Moritzburger Weg 68, 01109 Dresden
Tel. +49 351 21590-311
e.schlaefer@dwh.de, www.dwh.de

Weißer Hirsch

Das Villenviertel hatte als Kurort im 19. Jh. eine große Bedeutung. Im Zentrum stand das Lahmann-Sanatorium, das – lange dem Verfall preisgegeben – ab 2012 als Wohnanlage weitgehend denkmalgerecht umgebaut wird. Zu DDR-Zeiten galt der »Weiße Hirsch« als Wohnort des Dresdner Bürgertums, was Uwe Tellkamp in seinem Roman »Der Turm« literarisch verarbeitete. Sehenswert sind die Standseilbahn zum Panoramarestaurant Luisenhof, der chinesische Pavillon am Rathausplatz (ältestes erhaltenes originales chinesisches

Deutsche Werkstätten Hellerau | ©DMG | Christoph Münch

Bauwerk in Europa und Relikt der Internationalen Hygieneausstellung 1913), das ehemalige Parkhotel (Partylocation mit wiederaufgelebter DDR-Kultbar »Kakadu«), die evangelische Kirche, der Konzertplatz im Heidewald mit Sommertheater und zahlreiche private Kunstgalerien.

Loschwitz

In dem ländlichen Stadtteil nördlich der Brücke »Blaues Wunder« haben sich zahlreiche Künstler angesiedelt. Wichtige Vertreter des 19. und 20. Jahrhunderts sind auf dem Loschwitzer Friedhof gegenüber dem »Künstlerhaus« (Ateliers und Wohnungen) beigesetzt. Sehenswert sind die barocke Kirche vom Frauenkirchen-Architekten George Bähr, die Friedrich-Wieck-Straße mit dem Wohnhaus des Schwiegervaters von Robert Schumann, das Schillerhäuschen (➔ Museen), das Leonhardi-Museum und zahlreiche Ateliers. Am Körnerplatz (Gründerzeitensemble) befinden sich die Talstationen der historischen Standseilbahn und der Bergschwebebahn. Besondere Events sind das Elbhangfest und der Loschwitzer Weihnachtsmarkt.

Blaues Wunder, Elbtal | ©DMG | Sylvio Dittrich

Blasewitz
Mondänes Villenviertel im Dresdner Osten, das in einzigartiger Weise die Stilvielfalt der Gründerzeit dokumentiert. Sehenswert sind Orte, die an den Aufenthalt Friedrich Schillers erinnern wie der Schillergarten mit Biergarten und Denkmal, das Denkmal für »Gustl von Blasewitz« am Rathaus oder die Brücke »Blaues Wunder«.

Striesen
Geschlossenes Gründerzeitviertel mit den typischen Mehrfamilienvillen auf quadratischem Grundriss, die sogenannten »Dresdner Kaffeemühlen«. Sehenswert sind die Kreuzschule mit Internat des Dresdner Kreuzchors, das Internat der Dresdner Kapellknaben, die Technischen Sammlungen und die neuromanische Versöhnungskirche.

Strehlen
Stark von Jugendstilbauten geprägtes Viertel Dresdens mit zahlreichen Villen, dem historischen Ballsaal im Dormero Hotel Königshof und der Christuskirche.

Löbtau
Geschlossenes Gründerzeitviertel mit Bauten überwiegend in repräsentativer Backsteinarchitektur rund um den Bonhoefferplatz.

Friedrichstadt
Zahlreiche Bauten erinnern an die einstige barocke Vorstadt: Das Marcolini-Palais (Wagner-Gedekntafel) und Neptunbrunnen (größte barocke Brunnenanlage in Dresden) sind Teil des Krankenhauses Friedrichstadt. Auf dem alten kath. Friedhof sind bedeutende Persönlichkeiten begraben.
Die Matthäuskirche stammt von Zwingerbaumeister Matthäus Daniel Pöppelmann. Das Wohnhaus des Malers Ludwig Richter ist ebenfalls erhalten (privat). Im 19. Jahrhundert kamen Industrieanlagen und große Mietshäuser dazu. In der Berliner Straße 78 entstand 1905 das erste Atelier der Künstlergruppe »Die Brücke«. Das Viertel wurde nach teilweisen Kriegszerstörungen 1945 vernachlässigt und wird erst seit Kurzem verstärkt entwickelt.

Tourenvorschläge

Um verschiedene Verkehrsmittel wie Dampfschiff, Straßenbahn, Fähre, Bergbahn, Kleinbahn etc. zu nutzen, sind die Tourenvorschläge auf den ÖPNV hin ausgerichtet. Alle Fahrzeiten beruhen auf der Grundlage der Fahrpläne 2012 und sind ohne Gewähr. Natürlich können alle Touren auch im Pkw durch geführt werden.
Fahrplan aktuell und mobil: http://m.dvb.de

Dresden Höhepunkte an einem Tag

(Sommer)

09:30 Beginn des Stadtrundgangs am Theaterplatz mit Zwingerinnenhof

10:00 Besuch der italienischen Abteilung mit Raffaels »Sixtinischer Madonna« in der Gemäldegalerie Alte Meister (außer Mo.)

11:00 Fortsetzung des Stadtrundgangs vorbei am Taschenbergpalais und durch den kleinen Schlosshof (außer Di.), Schloßstraße, Fürstenzug, Brühlsche Terrasse, Münzgasse zur Frauenkirche

12:00 Teilnahme an der Mittagsandacht mit integrierter Kirchenführung in der Frauenkirche (außer So.)

13:00 Mittagessen in einem Lokal am Dresdner Neumarkt

14:30 Shoppingbummel rund um den Altmarkt oder Besichtigung des Albertinums

16:00 Schlösserfahrt mit dem historischen Raddampfer zum Schloss Pillnitz, der chinoisen Sommerresidenz der Sächsischen Kurfürsten und Könige (an Bord 15:45 ab Terrassenufer)

17:50 Spaziergang durch den Schlosspark Pillnitz an der über 270-jährigen Kamelie und dem Englischen Pavillon vorbei zur Haltestelle Bodemerweg

18:53 Fahrt mit Bus Linie 63 zum Körnerplatz, von hier aus mit der Standseilbahn zum Luisenhof

19:30 Abendessen

20:15 Spaziergang durch das Villenviertel Weißer Hirsch zur Straßenbahnhaltestelle Plattleite und Weiterfahrt mit Straßenbahn 11 zur Haltestelle Pulsnitzer Straße

21:00 Kneipentour durch das Szeneviertel Dresdner Neustadt mit Spaziergang durch die Kunsthofpassage

Semperoper / ©DMG / Christoph Münch

Dresden Höhepunkte an einem Tag
(im Winter aufgrund der Öffnungszeiten der Museen nur Mi. bis So.)

09:30 Beginn des Stadtrundgangs am Theaterplatz mit Zwingerinnenhof
10:00 Besuch der Gemäldegalerie Alte Meister und der Porzellansammlung Dresden oder des Mathematisch-Physikalischen Salons (ab 2013)
12:30 Mittagessen am Theaterplatz (z. B. Sophienkeller, Restaurant Alte Meister, Italienisches Dörfchen)
14:00 Besuch des Residenzschlosses mit Grünem Gewölbe und Türckischer Cammer
16:00 Kaffeepause in einem Café am Theaterplatz oder Neumarkt Anschließend Shoppingbummel rund um den Altmarkt (Advent: Striezelmarkt), Besichtigung des Albertinums oder Frischmachen im Hotel
18:00 Teilnahme an der Abendandacht mit integrierter Kirchenführung in der Frauenkirche (außer So.)
18:45 kleiner Snack zwischendurch oder Abendessen statt Frauenkirche
19:30 Kulturveranstaltung (Oper, Theater, Konzert)

Gemäldegalerie Alte Meister | ©DMG | Frank Exß

22:00 Abendessen nahe Oper, Theater, Konzertstätte
22:30 Ausklang im Szeneviertel Dresdner Neustadt mit Spaziergang durch die Kunsthofpassage

Dresden an einem Wochenende

Freitag

18:00 Ankunft und Bummel durch die historische Altstadt: Zwingerinnenhof > Theaterplatz > Schloßplatz mit Fürstenzug > Brühlsche Terrasse (bis Semperdenkmal) > Neumarkt
19:30 Abendessen
21:30 Kneipentour durch das Szeneviertel Dresdner Neustadt mit Spaziergang durch die Kunsthofpassage

Samstag

09:15 Fahrt mit dem historischen Raddampfer (Elbtallinie) zum Schloss Pillnitz, der chinoisen Sommerresidenz der Sächsischen Kurfürsten und Könige (an Bord 09:00 Uhr ab Terrassenufer)
10:45 Spaziergang durch den Schlosspark Pillnitz mit Besuch des Schlossmuseums oder des Kunstgewerbemuseums an der über 270-jährigen Kamelie und dem Englischen Pavillon vorbei zur Haltestelle Bodemerweg
11:57 Fahrt mit Bus Linie 63 entlang der Sächsischen Weinstraße zum Körnerplatz, von hier aus mit der Standseilbahn zum Luisenhof
12:30 Mittagessen im Panoramarestaurant (www.luisenhof.org)
13:45 Spaziergang durch das Villenviertel Weißer Hirsch zur Straßenbahnhaltestelle Plattleite und Weiterfahrt mit Straßenbahn 11 zur Haltestelle Elbschlösser
14:30 Spaziergang durch die Parks von Schloss Albrechtsberg

(Straußenwirtschaft Weingut Müller www.winzer-mueller.de) und Lingnerschloss (www.lingnerterrassen.de) oder – bei schlechtem Wetter –

14:30 zur Haltestelle Diakonissenweg mit Besuch von Pfunds Molkerei, dem schönsten Milchladen der Welt (www.pfunds.de) und Weiterfahrt bis Albertplatz

15:30 Bummel durch die barocke Neustadt (Hauptstraße/Königstraße). Anschließend Shoppingbummel Altmarkt/Prager Straße oder Zeit zum Frischmachen

18:00 Abendessen

19:30* Kulturveranstaltung (Oper, Theater, Konzert)

22:00* Kneipentour durch das Szeneviertel Dresdner Neustadt mit Spaziergang durch die Kunsthofpassage

Sonntag

10:00 Besuch der Gemäldegalerie Alte Meister und des Residenzschlosses mit Grünem Gewölbe und Türckischer Cammer

13:00 Mittagessen am Theaterplatz (z. B. Sophienkeller, Restaurant Alte Meister, Italienisches Dörfchen)

14:00 Abreise über Radebeul mit Besuch DDR-Museum oder Karl-May-Museum. Weiterfahrt zum Erlebnisweingut Schloss Wackerbarth mit Teilnahme an einer Wein- oder Sektführung (stündlich, letzter Termin 17 Uhr) oder – bei schlechtem Wetter –

14:00 Besichtigung des Albertinums

15:00 Geistliche Sonntagsmusik in der Dresdner Frauenkirche (alle 2 Wochen, Programm unter www.frauenkirche-dresden.de) mit anschließender Kaffeepause am Dresdner Neumarkt

17:15 Abreise

*je nach Veranstaltungsbeginn

Türckische Cammer | ©DMG | Jörg B. Schubert

Dresden und seine Schlösser

1. Tag »Kunst & Wein«

09:30 Besichtigung des Zwinger-Innenhofs mit Nymphenbad und Balustraden

10:00 Besichtigung des Residenzschlosses mit den beiden Museen des Grünen Gewölbes (Voranmeldung für das Historische notwendig), Türckische Cammer, Englische Treppe, Großer Schlosshof mit Hausmannsturm und (ab 2012/13) Riesensaal

13:00 Mittagessen

14:30 Spaziergang über die Augustusbrücke zum Japanisches Palais. Besichtigung der dort ansässigen Museen

15:30 Fahrt mit der Straßenbahnlinie 4 bis Schloss Wackerbarth (oder mit Taxi 40 min. über Villa Sorgenfrei, Weingut Aust und Schloss Hoflößnitz, mit Weingut und Weinmuseum ca. 25 €) – Spaziergang durch den barocken Schlossgarten

17:00 Wein- oder Sektführung durch das Erlebnisweingut Schloss Wackerbarth

18:12 Fahrt mit der Straßenbahnlinie 4 nach Radebeul Weißes Ross*

18:26 Weiterfahrt mit der historischen Dampfschmalspurbahn nach Moritzburg www.loessnitzgrundbahn.de

19:00 Spaziergang durch Moritzburg zum inmitten einer romantischen Teichlandschaft gelegenen Jagdschloss Augusts des Starken, www.schloss-moritzburg.de

20:00 Abendessen mit Wild oder Fischspezialitäten in Moritzburg

22:15 Fahrt mit Bus Linie 326 nach Dresden Neustadt oder Taxi (ca. 25 €) ab Markt

2. Tag »Elbschlösser«

09:00 Fahrt mit dem historischen Raddampfer (Elbtallinie) zum Schloss Pillnitz, der chinoisen Sommerresidenz der Sächsischen Kurfürsten und Könige (an Bord 08:45 ab Terrassenufer)

10:30 Spaziergang durch den Schlosspark Pillnitz mit Besuch des Schlossmuseums oder Kunstgewerbemuseums

12:00 Mittagessen im Schlossrestaurant

13:30 Fahrt ab Haltestelle »Pillnitzer Platz« mit Bus 63 entlang der Sächsischen Weinstraße zum Körnerplatz, anschließend mit der Standseilbahn zum Luisenhof. Von hier aus Spaziergang durch das Villenviertel Weißer Hirsch zur Straßenbahnhaltestelle Plattleite und Weiterfahrt mit Straßenbahnlinie 11 zur Haltestelle Elbschlösser

14:30 Spaziergang durch den Park von Schloss Albrechtsberg und Kaffeepause auf der Panoramaterrasse des Lingnerschlosses (www.lingnerterrassen.de) oder im Restaurant von Schloss Eckberg (www.schloss-eckberg.de).

16:00 Rückfahrt mit Straßenbahnlinie 11 ins Zentrum

Deutsches Hygiene-Museum | ©DHM | Oliver Killig

Dresden auf den zweiten Blick »ALT und NEU«

09:00 Spaziergang durch den Großen Garten

10:00 Besuch des Deutschen Hygiene-Museums und Spaziergang zum neuen Rathaus – oder – Besuch des Stadtmuseums Dresden mit der Städtischen Galerie

11:45 Blick vom Rathausturm auf die Stadt

12:15 Mittagessen an oder nahe der »Weißen Gasse«

13:30 Ab Pirnaischer Platz Fahrt mit Straßenbahnlinie 7 oder 8 zum Militärhistorischen Museum der Bundeswehr

14.00 Besuch des von Daniel Libeskind umgeplanten Militärhistorischen Museums der Bundeswehr

16:00 zur Haltestelle Stauffenbergallee und Fahrt mit Straßenbahnlinie 8 nach Hellerau (Am Hellerand)

16:30 Geführter Spaziergang durch die Gartenstadt Hellerau: Markt > Deutsche Werkstätten

18:00 Abendessen im Schmidt's

20:00 Veranstaltung des Europäischen Zentrums der Künste im Festspielhaus Hellerau, anschl. Rückfahrt mit Straßenbahnlinie 8 bis Louisenstraße, Kneipenbummel

Militärhistorisches Museum der Bundeswehr | ©DMG | Frank Exß

im Szeneviertel mit Spaziergang durch die Kunsthofpassage

Das Neue Dresden

09:30 Start am Hauptbahnhof, der von Sir Norman Foster umgestaltet worden ist. Anschließend Spaziergang durch die Prager Straße, einem 1969 errichteten modellhaften Plattenbausensemble mit einzigartigem Rundkino und dem modernen Ufa-Kristall von Coop Himmelb(l)au

10:30 Besuch der von Peter Kulka entworfenen Centrum-Galerie und Spaziergang am Rathaus (Stadtmodell im Lichthof) vorbei durch das »Robotron-Gelände«, die zukünftige »Lingnerstadt«, zum Deutschen Hygiene Museum

11:30 Besuch der Ausstellungen

12:45 Spaziergang am neuen Stadion vorbei zur Gläsernen Manufaktur der Volkswagen AG

13:00 Mittagessen im Gourmet-Lokal »Lesage« und Teilnahme an Führung (Voranmeldung notwendig)

15:30 Weiterfahrt mit Straßenbahnlinie 13 bis Haltestelle Nordbad. Spaziergang durch die Kunsthofpassage und Alaunstraße zum Alaunpark. Von dort aus durch ein modernes Wohnviertel an der Garnisonskirche vorbei zum von Daniel Libeskind umgebauten Militärhistorischen Museum der Bundeswehr

16:30 Museumsbesuch

19:00 Abendessen im angrenzenden Gelände der »Zeitenströmung« oder Rückweg mit Straßenbahnlinie 7 oder 8 oder zu Fuß zu einem der zahlreichen Lokale der Dresdner Neustadt oder Altstadt

Ufa-Kristallpalast | ©DMG | Roland Gladasch

* Uhrzeiten entsprechend der Fahrplanangaben von 2012. Angaben ohne Gewähr

Albertinum, Mosaiksaal | © SKD | David Brandt

Museen und Ausstellungen

Besucherstatistik

Dresdens Museen bergen Schätze von internationalem Rang. Insbesondere die Museen der Staatlichen Kunstsammlungen zeigen einzigartige Meisterwerke. Doch auch viele der anderen Museen haben in ihrem Gebiet ein Alleinstellungsmerkmal.

Insgesamt besitzt Dresden 44 Museen, 56 Galerien und Ausstellungsorte sowie 87 Bibliotheken und Archive und 300 Kultur- und Kunstvereine (Stand 2010).

Viele Einrichtungen haben ihre Besucherzahlen ermittelt. Hier eine Auswahl:

	2008	2009	2010	2011
Staatliche Kunstsammlungen (SKD) gesamt	1 966 909	1 698 998	2 642 099	
»Albertinum (Umbau 2006 bis 2009) Gemäldegalerie Neue Meister Skulpturensammlung	-	-	282 130	k.A. *
SKD im Residenzschloss				
Neues Grünes Gewölbe	401 111	357 768	420 526	k.A. *
Historisches Grünes Gewölbe	318 198	310 069	307 240	k.A. *
Türckische Cammer	-	-	296 526	k.A. *
Schlossausstellung/Turm (SA Münzkabinett)	30 794	46 867	k.A.	k.A. *
Kupferstich-Kabinett	41 329	49 201	24 908	k.A. *
SKD im Zwinger				
Gemäldegalerie Alte Meister	536 764	478 766	490 359	k.A. *
Rüstkammer	323 331	247 838	247 140	k.A. *
Porzellansammlung	139 646	95 482	166 427	k.A. *
Math.-Physikal. Salon (Restaurierung ab 2007)	k.A.	k.A.	k.A.	k.A. *
SKD an anderen Standorten				
Kunstgewerbemuseum Pillnitz	30 567	29 815	27 889	k.A. *
Museum für Sächs. Volkskunst	30 706	26 345	16 126	k.A. *
Kunsthalle im Lipsiusbau	31 440	21 762	27 051	k.A. *
Museum für Völkerkunde Dresden, Japanisches Palais (seit 2010 zu SKD)	10 600	14 233	17 563	k.A. *
Museen der Stadt Dresden				
Technische Sammlungen	55 000	65 600	47 000	k.A. *
Stadtmuseum (ab 10/2005)	26 000	39 500	41 150	k.A. *
Städtische Galerie Dresden (ab 7/2005)	14 800	29 500	29 700	k.A. *
Museum der Dresdner Romantik	7 200	6 100	5 900	k.A. *
Carl-Maria-von-Weber-Museum	4 400	3 800	5 400	k.A. *
Kraszewski Museum	3 450	2 800	3 100	k.A. *
Schillerhäuschen	1 500	1 600	950	k.A. *
Heimat- u. Palitzsch-Museum	1 300	1 500	1 100	k.A. *
Weitere Museen und Sehenswürdigkeiten				
Deutsches Hygiene-Museum	280 000	278 880	283 899	280 000
Militärhistorisches Museum (seit 15.10.2011)	k.A.	k.A.	k.A.	215 876
Verkehrsmuseum	132 580	142 465	143 130	191 097
Kunsthaus Dresden	7 942	4 177	5 712	k.A. *
Erich Kästner Museum	k. A	11 466	11 787	k.A. *
Senckenberg Naturhistorische Sammlungen	20 650	12 705	k. A.	k.A. *
Panometer Dresden	300 000	»k. A.	179 295	160 000
Festung Dresden	52 809	41 578	47 831	k.A. *
Zoo Dresden	722 924	739 120	750 639	808 808
Parkeisenbahn	258 369	230 054	213 642	k.A. *
Schlossmuseum und Park Pillnitz	k.A.	k.A.	142 235	130 433
Schloss Albrechtsberg	k.A.	k.A.	29 800	k.A. *

** = Aktuelle Übersicht unter www.mediaserver.dresden.de, Suchwort »Besucherstatistik«*

nach eigenen Angaben der Einrichtungen

Museen in Dresden

Museen der Staatlichen Kunstsammlungen Dresden (SKD)
Als August der Starke um 1730 seine Schatzkammer, das Grüne Gewölbe, gegen Eintrittsgeld für das Publikum öffnete, schuf er damit nicht nur eines der ersten öffentlichen Museen der Neuzeit. Mit der thematischen Aufteilung der 1460 begründeten Kunstkammer in einzelne Museen und deren systematische Bestückung mit den besten Kunstwerken seiner Zeit legten er und sein Sohn den Grundstock dafür, dass Dresdens Museen von Weltrang sind. Zu den Staatlichen Kunstsammlungen Dresden gehören heute 12 Museen an 6 Orten.
www.skd.museum P A W

Staatliche Kunstsammlungen Dresden
Abt. Presse und Kommunikation
J Dr. Stephan Adam, Pressesprecher und Leiter Presse und Kommunikation
Residenzschloss,
Taschenberg 2, 01067 Dresden
Tel. +49 351 4914-2622, -2643
presse@skd.museum;
stephan.adam@skd.museum
http://www.skd.museum/de/ueber-uns/presse/film-und-fotoaufnahmen/index.html

F Der Eintritt in die Museen der SKD ist gegen Vorlage eines gültigen Presseausweises an der Kasse frei. Nur für das Historische Grüne Gewölbe müssen Karten bei der Pressestelle im Vorfeld angefragt werden. Das Filmen und Fotografieren in den Museen der Staatlichen Kunstsammlungen ist generell verboten. Die Pressestelle sendet auf Wunsch Innenansichten der Museen oder Bilder einzelner Kunstwerke zu. Bei aktueller Berichterstattung sind diese kostenlos. Im Ausnahmefall können auch Foto- und Filmgenehmigungen erteilt werden. Dazu müssen der Pressestelle der detaillierte Hintergrund des Projekts und die geplante technische Ausrüstung frühzeitig mitgeteilt werden.

Im ➔ Zwinger:
Gemäldegalerie Alte Meister
Italienische Malerei der Renaissance, des Manierismus und Barock, holländische und flämische Malerei des 17. Jahrhunderts, altdeutsche und altniederländische Malerei, spanische und französische Malerei des 17. Jahrhunderts mit allen berühmten

Dresdner Zwinger, Porzellansammlung | © SKD | Jürgen Lösel

Dresdner Residenzschloss, Grünes Gewölbe, © SKD | David Brandt

Namen: Rembrandt, Rubens, Vermeer, Cranach, Tizian, Veronese, Tintoretto u. a. Raffaels Sixtinische Madonna feiert 2012/2013 ihren 500. Geburtstag.

Rüstkammer (ab 2013 Sanierung der Sempergalerie mit Teilschließungen)
Prachtvolle Waffen, Gewänder und Turnierbilder des 16. bis 18. Jahrhunderts geben ein Bild von der Dresdner Hofkultur. Die Historischen Rüstungen und Waffen sollen 2013 vom Semperbau ins Residenzschloss ziehen, wo schon jetzt eine Abteilung, die Türckische Cammer, zu sehen ist.

Porzellansammlung
Größtes Porzellanmuseum der Welt mit Porzellanen aus dem 16. bis 18. Jahrhundert aus Japan und China sowie den ersten Werken aus Meissen. Innenraumdesign von Peter Marino.

Mathematisch-Physikalischer Salon
Bedeutende Sammlung für die europäische Wissenschaftsgeschichte mit historischen Uhren und wissenschaftlichen Instrumenten, Erd- und Himmelsgloben, optischen, astronomischen und geodätischen Geräten, die bis ins 16. Jahrhundert zurückreichen, Rechen- und Messtechnik. Wiedereröffnung nach umfangreicher Restaurierung für Anfang 2013 geplant. Di. bis So. 10–18 Uhr

**Im → Residenzschloss
Historisches Grünes Gewölbe und Neues Grünes Gewölbe**
Als eine der reichsten Schatzkammern Europas genießt das Grüne Gewölbe Weltruf. Aufgrund der Fülle wurde die Sammlung aufgeteilt. Das Historische Grüne Gewölbe im Erdgeschoss (Zugang nur mit zeitgebundenen Eintrittskarten) ist das wiedererstandene barock ausgestattete Gesamtkunstwerk Augusts des Starken. Im Neuen Grünen Gewölbe im 1. Obergeschoss werden die 1000 wichtigsten Meisterwerke der Sammlung in moderner Präsentation gezeigt.

Kupferstich-Kabinett
Schier unerschöpflich ist der Reichtum der Sammlung, die Werke der berühmtesten Künstler aus zahlreichen Ländern sind versammelt: rund 515 000 Werke von mehr als 20 000 Künstlern aus acht Jahrhunderten. Ausgewählte Ausstellungen zeigen einen Teil. Forscher können auf Anfrage aber auch gezielt suchen. Angeschlossen ist das Joseph-Hegenbarth-Archiv im ehemaligen Wohnhaus des Künstlers in Dresden-Loschwitz.

Münzkabinett
Noch gibt es nur kleine Sonderausstellungen

im Hausmannsturm, doch mit dem weiteren Wiederaufbau des Schlosses soll auch mehr gezeigt werden können.
Mi. bis Mo. 10–18 Uhr

Rüstkammer
Türckische Cammer und weitere Abteilungen ab 2013 u. a. im »Riesensaal«

Im ➔ Albertinum
Galerie Neue Meister
Im ersten Obergeschoss des »Albertinums« ist Kunst von der Romantik bis zur Gegenwart ausgestellt. Hier hängen Gemälde der deutschen Romantik, französische und deutsche Impressionisten, Werke der Dresdner Künstlergemeinschaft »Brücke« und zu den Themen »Kunst im geteilten Deutschland« und »Kunst nach 1989«; außerdem Werke des 21. Jahrhunderts. Malerei von Caspar David Friedrich bis Gerhard Richter, dem ein dem Museum angeschlossenes Gerhard Richter Archiv gewidmet ist.

Skulpturensammlung
Teils in eigenen Räumen, teils in eng gestellten Schau-Depots, teils in Begegnung mit den Gemälden werden hier Skulpturen von der Antike bis zur Gegenwart gezeigt. Bemerkenswert sind die Originalgipse von Auguste Rodin. Die Antiken sollen langfristig in den Semperbau am Zwinger umziehen.
Di. bis So. 10–18 Uhr

Im ➔ Japanischen Palais
Staatliche Ethnographische Sammlungen Sachsen
Kleidung, Waffen, Schmuck und Kunst, vor allem aus Südamerika und Asien, geben einen Eindruck über Volkskunst aus vielen Teilen der Erde. Gehört zum Verbund der Staatlichen Kunstsammlungen Dresden. Informationen über aktuelle Ausstellungen unter www.voelkerkunde-dresden.de
Di. bis So. 10–18 Uhr, Mo. geschlossen

Im ➔ Schloss Pillnitz
Kunstgewerbemuseum
Von japanischen Lackarbeiten bis zu sächsischer Schmiedekunst, von den Silbermöbeln Augusts des Starken bis zu historischen Musikinstrumenten reicht die Bandbreite des Museums in den beiden Palais von Schloss Pillnitz.
Mai bis Oktober 10–18 Uhr;
Bergpalais: Mo. geschlossen,
Wasserpalais: Di. geschlossen

Im ➔ Jägerhof
Museum für Sächsische Volkskunst mit Puppentheatersammlung
Erzgebirgische Schnitzereien und Lichterpyramiden, sorbische Trachten, bemalte Möbel, Keramik und historisches Spielzeug, dazu viele Zeugnisse des historischen Puppentheaters. Di. bis So. 10–18 Uhr

Museen der Stadt Dresden

Ein einzigartiges Zusammenspiel von Kunst, Geschichte, Literatur, Musik, Technik und Astronomie.

Die Museen der Stadt Dresden sind ein Verbund aus acht thematisch unterschiedlichen Museen. Den Besucher erwarten vielfältige Sammlungen u. a. zu den Themen Geschichte, Technik, Astronomie, Malerei, Grafik und Skulptur der Stadt Dresden sowie zu berühmten Persönlichkeiten wie Carl Maria von Weber oder Friedrich Schiller. In allen städtischen Museen finden regelmäßig Sonderausstellungen, Veranstaltungen und Führungen statt. www.museen-dresden.de

Museen der Stadt Dresden
J Richard Stratenschulte, Öffentlichkeitsarbeit, Marketing, Museumspädagogik
Wilsdruffer Str. 2, 01067 Dresden
Tel. +49 351 488 7360
Richard.Stratenschulte@museen-dresden.de

Zu den städtischen Museen gehören folgende Einrichtungen:

Stadtmuseum Dresden
Im Landhaus. Wilsdruffer Straße 2, 01067 Dresden, Tel. +49 351 4887370
Selten wird Stadtgeschichte so ansprechend präsentiert wie dort. Über 1 000 Exponate und rund 20 Medienstationen. Zahlreiche Filminstallationen und ein kleines Kino beleuchten den Wandel der Stadt im zurückliegenden Jahrhundert.
Di. bis So. 10–18 Uhr, Fr. 10–19 Uhr, Mo. geschlossen

Städtische Galerie Dresden
Im Landhaus. Wilsdruffer Straße 2, 01067 Dresden, Tel. +49 351 4887370
Die Galerie präsentiert in der ständigen Ausstellung einen Streifzug durch die Dresdner Kunst. Der »Bilder-Bogen« spannt sich von Gemälden Gotthardt Kuehls über Werke von Otto Mueller und Otto Dix bis zu Arbeiten von Curt Querner, Willy Wolff und Thomas Scheibitz. Das Kunstmuseum ist eine ideale Ergänzung zur Galerie Neue Meister im Albertinum und den privaten Kunstgalerien.
Di. bis So. 10–18 Uhr, Fr. 10–19 Uhr, Mo. geschlossen

Städtische Galerie im Landhaus / DMG / © Museen der Stadt Dresden / Franz Zadnicek

Technische Sammlungen Dresden
Junghansstraße 1–3, 01277 Dresden, Tel. +49 351 4887272
Das Museum zeigt wertvolle Objekte sächsischer, deutscher sowie internationaler Industrie- und Technikgeschichte aus den letzten 150 Jahren. Ein besonderer Höhepunkt ist das Erlebnisland Mathematik und das »Epsilon« – ein Erlebnisland für Kleine. Der 48 m hohe Ernemann-Turm und das Café laden zum Rundblick über Dresden ein. Di. bis Fr. 9–17 Uhr, Sa., So. 10–18 Uhr, Mo. geschlossen

Kügelgenhaus – Museum der Dresdner Romantik
Hauptstraße 13, 01097 Dresden, Tel. +49 351 8044760

Künstler und Dresden

Unzählige namhafte Künstler stammen aus Dresden oder haben in Dresden gewirkt und ihre Eindrücke auf Bildern oder ihre Kontakte in Büsten, Statuen oder anderen Kunstwerken festgehalten, darunter Gianbattista Casanova (der Bruder des Frauenhelden), Anton Graff, Anton Raphael Mengs, Caspar David Friedrich, Ludwig Richter, Ernst Rietschel, Johannes Schilling, Robert Sterl, A. R. Penck, Gerhard Richter, Eberhard Havekost und viele mehr. Dazu kommen die bedeutendsten Künstler der Welt, von denen wichtige Werke in den Dresdner Sammlungen ausgestellt sind, wie Rembrandt, Rubens, Vermeer, Raffael, Correggio, Tizian u. v. a. Hinter jeder dieser Persönlichkeiten stehen spannende Geschichten, zu denen in Dresden selbst viele Fachleute bereitstehen.
Beste Kontakte sind hier die ➔ Staatlichen Kunstsammlungen Dresden und die ➔ Hochschule für Bildende Künste.
Einige weiterführende Pressetexte zum Thema hat auch die Dresden Marketing GmbH im Archiv:
www.dresden.de/pressetexte

Barocke Altbausubstanz, wie sie selten in Dresden anzutreffen ist. Die Ausstellung gibt Einblicke in die Dresdner Kultur- und Geistesgeschichte zwischen 1785 und 1830. Die ehemalige Wohnung des Porträtmalers Gerhard von Kügelgen war Treffpunkt vieler zeitgenössischer Persönlichkeiten wie Johann Wolfgang v. Goethe, Carl Maria v. Weber, Kersting, Friedrich.
Mi. bis So. 10–18 Uhr,
Mo. + Di. geschlossen

Schillerhäuschen | © DMG | Christoph Münch

Carl-Maria-von-Weber-Museum
Dresdner Straße 44, 01326 Dresden,
Tel. +49 351 2618234
Das heutige Museum war einstige Wirkungsstätte Carl Maria von Webers. Die Opern »Der Freischütz«, »Euryanthe« und »Oberon« sowie die »Aufforderung zum Tanz« entstanden dort. Notenschriften, Bild- und Textdokumente, zeitgenössisches Mobiliar sowie Kunstwerke geben Auskunft über das Schaffen des Komponisten in Dresden. Mi. bis So. 13–18 Uhr,
Mo./Di. geschlossen

Kraszewski-Museum
Nordstraße 28, 01099 Dresden,
Tel. +49 351 8044450
Das erste binationale Museum Deutschlands öffnete 1960 im romantisch gelegenen früheren Wohnhaus des polnischen Schriftstellers Józef Ignacy Kraszewski (1812–1887). Das Museum versteht sich als Mittler des deutsch-polnischen Kulturtransfers in Vergangenheit und Gegenwart. In Kooperation mit polnischen Museen und Kultureinrichtungen zeigt es Ausstellungen, die das Nachbarland in Dresden noch besser bekannt machen sollen. In Lesungen, Konzerten und Sonderausstellungen erhalten die Besucher zudem einen lebendigen Eindruck von der zeitgenössischen polnischen Kulturszene. Seit 2009 ist das Kraszewski-Museum Veranstalter der Polnischen Kulturtage in Dresden, die im September 2012 wieder stattfinden werden.
Mi. bis So. 13–18 Uhr, Mo. /Di. geschlossen

Schillerhäuschen
Schillerstraße 19, 01326 Dresden,
über Stadtmuseum Dresden
Tel. +49 351 4887370
Das kleinste Museum der Stadt erinnert an Friedrich Schillers Dresdner Zeit. Verschiedene Schriftstücke, Auszüge aus hier entstandenen Dichtungen sowie Reproduktionen zeitgenössischer Bilder vermitteln ausgewählte Einblicke. Hier vollendete er die Ode »An die Freude«.
Sa./So. 10–17 Uhr oder nach Vereinbarung

Heimat- und Palitzsch-Museum Prohlis
Gamigstraße 24, 01239 Dresden,
Tel. +49 351 7967249
Die Sammlung wird derzeit vollständig neu aufgebaut: Im Zentrum stehen die Darstellung der Prohliser Dorfgeschichte und die Biografie des Prohliser Bauernastronomen Johann Georg Palitzsch sowie das Leben in der Neubausiedlung Prohlis. Im einzigen erhaltenen Prohliser Bauernhaus treffen das dörfliche Leben und die internationale Gelehrtenwelt am Beginn der neuzeitlichen Wissenschaften, der Alltag der späten DDR und die Weltraumforschung der Gegenwart aufeinander.
Mi. bis So. 13–18 Uhr, Mo./Di. geschlossen

Deutsches Hygiene-Museum

Einzigartiges Museum für Alt und Jung mit über 5 000 Quadratmetern Ausstellungsfläche. Staunen, Lernen, Ausprobieren lautet das Motto der Dauerausstellungen »Abenteuer Mensch« und des Kinder-Museums »Unsere fünf Sinne«. Zusätzlich finden Veranstaltungen und bundesweit beachtete Sonderausstellungen zu aktuellen Fragen aus Wissenschaft und Gesellschaft, Kunst und Kultur statt. Di. bis So. und Feiertage 10–18 Uhr, Mo. geschlossen, www.dhmd.de

Deutsches Hygiene-Museum
J Christoph Wingender,
Leiter Presse- und Öffentlichkeitsarbeit
Lingnerplatz 2, 01067 Dresden
Tel. Kasse: +49 351 4846400
Tel. Presse: +49 351 4846-120
presse@dhmd.de,
Christoph.Wingender@dhmd.de

Verkehrsmuseum Dresden

Die Welt der Mobile im Johanneum am Neumarkt, dem ältesten Ausstellungsgebäude Dresdens: einzigartige Originale, faszinierende Modelle und ausgesprochene Fahrzeugraritäten aus allen Verkehrszweigen. Di. bis So. 10–18 Uhr, Mo. geschlossen
www.verkehrsmuseum-dresden.de

Verkehrsmuseum Dresden gGmbH
J Martina Richter,
Presse-/Öffentlichkeitsarbeit
Augustusstraße 1, 01067 Dresden
Tel. +49 351 8644131
martina.richter@verkehrsmuseum-dresden.de

Militärhistorisches Museum der Bundeswehr (MHMBW)

Das MHMBW in Dresden ist seit Oktober 2011 das größte Museum der Stadt und zudem eines der modernsten und größten historischen Museen Deutschlands. Im Neubau von Daniel Libeskind sind thematische Querschnitte zur Kultur- und Sozialgeschichte von Militär und Gewalt präsentiert. Im sanierten Altbau führt ein chronologischer Rundgang durch die Epochen der Militärgeschichte vom Spätmittelalter bis zur Gegenwart.
Öffnungszeiten: täglich 10–18 Uhr, Mo. 10–21 Uhr, Mi. geschlossen
www.mhmbundeswehr.de

Militärhistorisches Museum der Bundeswehr
J Alexander Georgi, Pressesprecher
Olbrichtplatz 2, 01099 Dresden
Tel. Pressestelle: +49 351 8232759
pressestelle@mhmbundeswehr.de

Asisi Panometer

In das antike Rom, die untergegangene Titanic oder das barocke Dresden (wechselnde Ausstellungen) entführten die größten 360°-Panoramen des Berliner Künstlers Yadegar Asisi.
April bis Oktober, Di. bis Fr. 10–18 Uhr, Sa./So./Feiertage 10–19 Uhr;
November bis März, Di. bis Fr. 10–17 Uhr, Sa., So./Feiertage 10–18 Uhr
www.asisi.de

asisi GmbH
J Karsten Grebe,
Presse- und Öffentlichkeitsarbeit
Gasanstaltstraße 8b, 01237 Dresden
Tel. Museum: +49 341 355534-0,
Tel. Pressestelle: +49 30 695808612
karsten.grebe@asisi.de

Verkehrsmuseum Dresden, Automobilausstellung | DMG | ©Sammlung Verkehrsmuseum Dresden

Universitätssammlungen Kunst + Technik
Wechselnde Ausstellungen zeitgenössischer bildender Kunst neben Exponaten der Technikgeschichte und neuesten Forschungsergebnissen des elektrotechnischen Instituts.
www.altana-galerie-dresden.de

Technische Universität Dresden
Görges-Bau, Helmholtzstraße 9,
01069 Dresden
Mo. bis Fr. 10–18 Uhr, Sa. 10–14 Uhr,
So geschlossen
Technische Universität Pressestelle
J Maria Obenaus, Kustodie
Tel. +49 351 463-32180
kustodie@tu-dresden.e

Buchmuseum der Sächsischen Landesbibiliothek – Staats- und Universitätsbibliothek Dresden (SLUB)
Zu den Kostbarkeiten gehören u. a. die einzigartige Dresdener Maya-Handschrift (in der die alte Zeitrechnung 2012 endet, ein Skizzenbuch von Albrecht Dürer und Musikautographen von Johann Sebastian Bach, Antonio Vivaldi, Richard Wagner und Robert Schumann
www.slub-dresden.de

Zellescher Weg 18, 01069 Dresden
Schatzkammer Mo. bis Fr. 10–17 Uhr,
Sonderausstellung Mo. bis Sa. 10–17 Uhr
Sächsische Landesbibliothek –
Staats- und Universitätsbibliothek
J Katrin Matteschk, Öffentlichkeitsarbeit
Tel. +49 351 4677342
katrin.matteschk@slub-dresden.de

Senckenberg Naturhistorische Sammlungen Dresden
Jeweils aktuelle Sonderausstellungen der Museen für Tierkunde, Mineralogie und Geologie im Japanischen Palais
Palaisplatz 11, 01097 Dresden
Di. bis So. 10–18 Uhr, Mo. geschlossen
www.senckenberg.de

Senckenberg - Forschungsinstitut und Naturmuseum, Pressestelle
Senckenberganlage 25, 60325 Frankfurt
Tel. +49 69 7542-1257 oder
+49 351 7958414326
info@senckenberg.de,
birgit.walker@senckenberg.de

Sächsische Landesbibliothek, Staats- und Universitätsbibliothek (SLUB) | © DMG | Frank Exß

Weitere thematisch interessante Museen und Ausstellungen

(Auswahl)

Geschichte

Gedenkstätte Münchner Platz Dresden

Der Gebäudekomplex, der heute Teile der Technischen Universität Dresden umfasst, wurde von 1907 bis 1956 als Gerichtsort, Untersuchungshaftanstalt und Hinrichtungsstätte genutzt. Hier verurteilten während der nationalsozialistischen Diktatur sächsische Sondergerichte und der berüchtigte Volksgerichtshof Gegner des Regimes. Nach 1945 wurde der Komplex durch die sowjetische Besatzungsmacht genutzt und fungierte von 1952 bis 1956 als zentrale Hinrichtungsstätte des SED-Regimes. Aufgrund von Baumaßnahmen ist der Zugang bis Ende 2012 eingeschränkt.
www.muenchner-platz-dresden.de

George-Bähr-Straße 7, 01069 Dresden
Georg-Schumann-Bau der TU Dresden,
J Dr. Birgit Sack (Leiterin)
Tel. +49 351 46331990
gedenkstaette@mailbox.tu-dresden.de

Gedenkstätte Bautzner Straße

Ehemaliges Stasigefängnis mit Zellen und Verhörräumen. Dazu eine Ausstellung zur Geschichte der Stasi in Dresden sowie zur friedlichen Revolution. Authentische Haftzellen des Sowjetischen Geheimdienstes NKWD/MWD im Kellerbereich mit dazugehöriger Dauerausstellung über dessen deutsche politische Häftlinge, Sowjetische Militärtribunale, Speziallager und GULag
www.bautzner-strasse-dresden.de

Bautzner Straße 112a, 01099 Dresden
Tel. +49 351 6465454
info@bautzner-strasse-dresden.de

DDR-Museum Dresden (Radebeul)

Riesige Sammlung von Alltagskultur aus der DDR-Zeit mit kompletten Haus- und Ladeneinrichtungen sowie einer Sammlung aller in der DDR produzierten Automobile und zahlreicher sonstiger Fahrzeuge inklusive einer Dokumentation deutsch-deutscher Geschichte.
www.ddr-museum-dresden.de

Wasapark Radebeul,
Wasastraße 50, 01445 Radebeul
Tel. 49 351 8351780
mail@ddr-museum-dresden.de

Literatur

Karl-May-Museum

In der «Villa Shatterhand«, dem einstigen Wohnhaus Karl Mays (1842–1912), informiert eine literaturhistorische Ausstellung über Leben und Werk des beliebten sächsischen Abenteuerschriftstellers. Die Ausstattung spiegelt die gründerzeitliche Atmosphäre, Liebe zur Exotik und Kunst (Werke von Sascha Schneider) wider. Im Blockhaus »Villa Bärenfett« ist eine ethnologische Ausstellung über die Indianer Nordamerikas zu sehen. (Umbau und Erweiterung sind geplant) www.karl-may-museum.de

J André Köhler,
Presse- und Öffentlichkeitsarbeit
Karl-May-Straße 5, 01445 Radebeul
Tel. +49 351 8373031
andre.koehler@karl-may-museum.de

Erich Kästner Museum

Das mobile interaktive micromuseum® ist ein Stück Architektur, ein Kunstwerk an sich und ein Gebrauchsgegenstand, der die vielfältige Persönlichkeit und Arbeit des weltbekannten Autors, Kabarettisten, Journalisten und Medienmannes Erich Kästner widerspiegelt. Besucher aller Generationen und

Kulturen können spielerisch und selbsttätig die komplexe Kästner-Welt erforschen.
www.erich-kaestner-museum.de

Literaturhaus Villa Augustin
Antonstraße 1, 01097 Dresden
Tel. Museum: +49 351 8045086
Tel. Büro: +49 351 8045086
J Geschäftsführerin: Andrea O'Brien
info@erich-kaestner-museum.de

Bildende Kunst

Kunsthaus Dresden
Städtische Galerie für Gegenwartskunst
www.kunsthausdresden.de

Rähnitzgasse 8, 01097 Dresden
Tel. +49 351 8041456
kunsthaus@dresden.de
Di. bis Do. 14–19 Uhr,
Fr. bis So. 11–19 Uhr, Mo. geschlossen

Museum Körnigreich
Der Dachboden des Hauses Wallgässchen 2 beherbergte die Atelierräume des Dresdner Malers und Graphikers Hans Körnig (1905–1989). 2010 wurde dem Künstler im Erdgeschoss ein biografisches Museum gewidmet.
www.hans-koernig.de/koernigreich

Wallgäßchen 2, 01097 Dresden
Tel. +49 351 4568193
März–Okt.: Do-Mo 11–18 Uhr

Ernst-Rietschel-Geburtshaus
Ausstellung zum Dresdner Bildhauer im Geburtshaus Ernst Rietschels (1804–1861) mit Galerie zeitgenössischer Kunst überwiegend aus Dresden und der Lausitz.
www.ernst-rietschel.com

Rietschelstraße 16, 01896 Pulsnitz
Tel. +49 35955 44246
info@ernst-rietschel.com

Robert-Sterl-Haus
Wohnhaus und Atelier des impressionistischen Malers und Dresdner Kunstprofessors Robert Sterl (1867–1932). Zu sehen sind u. a. Sterls Malereien und Zeichnungen von Musikern der Dresdner Staatskapelle und des russischen Komponisten Alexandr Skrjabin. Öffnungszeiten 1. Mai bis 31. Oktober, Do. bis So. 10–17 Uhr
www.robert-sterl-haus.de

Sammelstiftungen des Bezirkes Dresden
J Dr. Andreas Quermann, Museumsleiter
Ortsteil Naundorf, Robert-Sterl-Straße 30, 01796 Struppen/Sächsische Schweiz
Tel. +49 35020 70216
kontakt@robert-sterl-haus.de

Die wichtigsten Künstler und privaten Galerien in Dresden
Einen Überblick über die wichtigsten bildenden Künstler in Dresden mit Biografien gibt die Website www.dresden-art.de. Eine Übersicht der Dresdner privaten Galerien finden Sie unter http://bit.ly/dresden-galerien.

Musik

Richard-Wagner-Stätten der Kultur- und Tourismusgesellschaft Pirna mbH
Während seines Sommerurlaubes 1846 im Pirnaer Ortsteil Graupa entwarf Richard Wagner seine Oper Lohengrin. Im heutigen »Lohengrin-Haus« erinnern zwei Gedenkräume an diese Zeit. Ende 2012 öffnet im ca. 200 m entfernten Jagdschloss ein Museum, das insbesondere Wagners Dresdner Kapellmeisterzeit 1842–1849 darstellt. Veranstaltungen finden derzeit im Lohengrin-Haus und zum Teil im Konzertsaal des Jagdschlosses statt. Gemeinsam mit dem Jagdschloss Graupa bildet das Lohengrin-Haus die Richard-Wagner-Stätten Graupa. Im Jagdschloss Graupa ist eine neue und deutlich erweiterte Wagner-

Ausstellung in Vorbereitung; die Eröffnung ist etwa ab Jahresmitte 2012 geplant. Veranstaltungen finden derzeit im Lohengrin-Haus und zum Teil bereits im Konzertsaal des Jagdschlosses statt.
www.richard-wagner-museum.de

Postanschrift: Kultur- und Tourismusgesellschaft Pirna mbH
Richard-Wagner-Stätten Graupa,
Dr.-Wilhelm-Külz-Straße 6b, 01796 Pirna
Besucheranschrift: Kultur- und Tourismusgesellschaft Pirna mbH,
Richard-Wagner-Stätten Graupa,
Richard-Wagner-Straße 6,
01796 Pirna OT Graupa
Tel/Fax: +49 3501 548229
wagnermuseum@pirna.de

Carl-Maria-von-Weber-Museum
(s. Museen der Stadt Dresden)

Kultur- und Technikgeschichte

Kleinbauernmuseum Reitzendorf
Landwirtschaftsmuseum im Dresdner Ortsteil Reitzendorf nahe dem Schloss Schönfeld.
www.kleinbauernmuseum.de

Heimatverein Schönfelder Hochland e. V.
Schullwitzer Straße 3, 01328 Dresden
Tel. +49 351 2641783

Schulmuseum Dresden
Das private Museum im 1870 erbauten ehemaligen Schulgebäude, in dem bis 2002 Unterricht gehalten wurde, zeigt Klassenräume aus verschiedenen Epochen.
Seminarstraße 11, 01067 Dresden
Tel. +49 351 2130156
info@schulmuseum-dresden.de
Öffnungszeit: donnerstags 14–18 Uhr

Eisenbahnmuseum Bahnbetriebswerk Dresden-Altstadt
Das von einem Verein betriebene Museum ist nur zu besonderen Ereignissen geöffnet. Höhepunkt ist das Dampfloktreffen (meist am ersten Aprilwochenende), zu dem auch das angrenzende Depot des Verkehrsmuseums Dresden geöffnet ist.
www.igbwdresden-altstadt.de

IG Bw Dresden-Altstadt e.V.
Freizeitgruppe der Stiftung BSW
Zwickauer Str. 86, 01187 Dresden
Tel. +49 162 7838603
JBaumgaertel@gmx.de

Schmalspurbahnmuseum
Das Museum an der Abfahrtsstelle der historischen Lößnitzgrundbahn kann auch für Veranstaltungen genutzt werden und ist im historischen Güterboden Radebeul untergebracht.
Am Alten Güterboden 4, 01445 Radebeul Ost
Tel. +49 351 2134450, www.eventlokation.de

Straßenbahnmuseum Dresden e.V.
Dresden hat eines der ältesten und größten Straßenbahnnetze in Deutschland. Eine Übersicht über alle in der Stadtgeschichte eingesetzten Straßenbahnen gibt diese von einem Verein in Kooperation mit den Dresdner Verkehrsbetrieben (DVB AG) betreute Sammlung, die allerdings bis voraussichtlich 2012 wegen Baumaßnahmen geschlossen ist.
www.Strassenbahnmuseum-dresden.de

Trachenberger Str. 38, 01129 Dresden
Pressekontakt DVB
J Falk Lösch, Pressesprecher
Tel. +49 351 8571194, loesch@dvbag.de

Jazztage Dresden: Klazz Brothers in der Semperoper | DMG | © Grandmontagne Music | Jan Gutzeit

Bühne, Musik und Festivals

Bühnen, Klangkörper mit eigenen Pressestellen

Semperoper und Staatskapelle
Sächsische Staatsoper Dresden
Aushängeschild des Dresdner Bühnengeschehens. Oper, Ballett und Junge Szene in der berühmten ➔ Semperoper Dresden und der Spielstätte Semper 2 (im hinteren Funktionsgebäude). Intendantin Dr. Ulrike Hessler.
www.semperoper.de

Theaterplatz 2, 01067 Dresden
J Christine Diller, Pressereferentin
Tel. +49 351 4911-336
Tel. +49 351 4911-705 (Kasse)
christine.diller@semperoper.de

Sächsische Staatskapelle Dresden
Eines der traditionsreichsten Orchester der Welt, die »Wunderharfe« Richard Wagners, gehört gleichzeitig zu den renommiertesten Klangkörpern. Chefdirigent ab 2012 ist Christian Thielemann.
www.staatskapelle-dresden.de

Besucherstatistik

	2008	2009	2010	2011
Sächsische Staatsoper Dresden	425 012	397 539	386 911	k. A.
Führungen in der Semperoper	252 698	186 909	198 662	215 661
Kulturpalast Dresden	338 843	425 065	351 485	k. A.
Dresdner Philharmonie	247 674	156 000	155 410	k. A.
Dresdner Kreuzchor	k. A.	k. A.	62 707	ca. 115 000
Frauenkirche Dresden	2 010 000	2 000 000	2 160 000	2 000 000
Staatsschauspiel Dresden	171 596	174 105	k. A.	k. A.
Staatsoperette Dresden	102 537	90 990	95 488	k. A.
Komödie Dresden	116 000	116 000	k. A.	k. A.
Landesbühnen Sachsen	180 744	189 500	167 119	168 062
Theater Junge Generation	73 391	74 783	73 664	77 331
Kabarett Herkuleskeule	80 568	74 445	78 500	66 355
Kabarett Breschke & Schuch	25 616	22 000	20 710	18 922
Theaterkahn / Dresdner Brett'l	40 895	39 000	41 631	k. A.
Theater Wechselbad	k. A.	43 000	47 586	41 965
1001 Märchen GmbH	18 000	k. A.	18 500	k. A.
Societätstheater	18 500	19 000	20 000	k. A.
Messe Dresden	438 836	500 000	553 000	k. A.

nach eigenen Angaben der Einrichtungen

Dresden besitzt 36 Theater und Spielstätten sowie zahlreiche bedeutende Musikensembles.

Theaterplatz 2, 01067 Dresden
J Matthias Claudi, Pressesprecher
Tel. +49 351 4911-380
Tel. +49 351 4911-750 (Kasse),
matthias.claudi@staatskapelle-dresden.de

Dresdner Philharmonie
Konzertorchester von internationalem Ruf unter der Leitung von Michael Sanderling. Intendant: Anselm Rose
www.dresdnerphilharmonie.de

Kulturpalast, Altmarkt, 01067 Dresden (bis 2012). Danach Interimsspielstätten bis zur Fertigstellung des neuen Konzertsaals im Kulturpalast
J Chava Völsch, Leiterin Kommunikation
Tel. + 49 351 4866202
Tel. + 49 351 4866866 (Kasse)
kommunikation@dresdnerphilharmonie.de

Staatsoperette Dresden
Repertoiretheater ausschließlich für Operette, Musical und Spieloper. Jährliches Johann-Strauß-Festival. Intendant Wolfgang Schaller.
www.staatsoperette-dresden.de/presse

J Jana-Carolin Wiemer, Pressereferentin
Pirnaer Landstraße 131, 01257 Dresden
Tel. +49 351 20799-59
Tel. +49 351 20799-99 (Kasse)
presse@staatsoperette-dresden.de

Staatsschauspiel Dresden
Repertoiretheater mit deutschlandweit beachteten Produktionen fast täglich an zwei Spielstätten.
Intendant: Wilfried Schulz.
I Schauspielhaus:
Ostra-Allee 3, 01067 Dresden

- Kleines Haus:
  Glacisstraße 28, 01099 Dresden
- Pressestelle:
  Theaterstraße 2, 01067 Dresden

www.staatsschauspiel-dresden.de/

J Martina Aschmies,
Leiterin Presse- und Öffentlichkeitsarbeit
Tel. +49 351 4913-957,
Tel. +49 351 4913-555 (Kasse)
presse@staatsschauspiel-dresden.de;
martina.aschmies@
staatsschauspiel-dresden.de

Landesbühnen Sachsen
Die Landesbühnen Sachsen, Reisetheater, bereichern die Theaterlandschaft von Dresden und Umgebung an ihrer Hauptspielstätte in Radebeul, in zahlreichen Stadttheatern und Kulturhäusern Sachsens und auf der Felsenbühne Rathen u. a. mit Oper, Operette, Musicals, Ballett, Schauspiel, Kinder- und Jugendtheater und Konzert. Intendant: Manuel Schöbel.
www.dresden-theater.de

Meißner Straße 152, 01445 Radebeul
J Dr. Petra Grubitzsch, Pressereferentin
Tel. + 49 351 8954-203
Tel. + 49 351 8954-214 (Kasse)
presse@dresden-theater.de

Dresdner Kreuzchor
Der Dresdner Kreuzchor ist einer der ältesten und berühmtesten Knabenchöre der Welt. Seine künstlerische Heimstatt ist die Kreuzkirche am Altmarkt, wo die Kruzianer ganzjährig in über 60 Vespern, Konzerten und Gottesdiensten zu erleben sind.
Uwe Grüner, Chormanager
www.kreuzkirche-dresden.de

Dornblüthstraße 4, 01277 Dresden
Tel. +49 351 3153560
www.kreuzchor.de
buero@kreuzchor.de

Tickets: Konzertkasse der Kreuzkirche
An der Kreuzkirche 6
01067 Dresden
Tel. +49 351 4965807 (Kasse)
konzertkasse@kreuzkirche-dresden.de

Frauenkirche Dresden
Regelmäßige Konzerte samstags 20 Uhr, alle 2 Wochen sonntags 15 Uhr, alle drei Wochen Orgelkonzerte mittwochs sowie an weiteren Terminen. Chor, Kammerchor der Frauenkirche Dresden und ensemble frauenkirche unter Ltg. von Frauenkirchenkantor Matthias Grünert
www.frauenkirche-dresden.de
Stiftung Frauenkirche Dresden
J Grit Jandura,
Presse und Öffentlichkeitsarbeit
Georg-Treu-Platz 3
01067 Dresden
Tel. +49 351 65606120
presse@frauenkirche-dresden.de

Hellerau – Europäisches Zentrum der Künste Hellerau und Institutionen Festspielhaus
Das Europäische Zentrum der Künste Dresden ist wichtigster Veranstalter und Kontaktstelle auf dem Gelände des 1913 erbauten Festspielhauses in → Hellerau. Schwerpunkt sind zeitgenössischer Tanz und andere Formen modernen Theaters und aktueller Musik.
Europäisches Zentrum der Künste Dresden. Künstlerischer
Leiter: Dieter Jaenicke
www.hellerau.org

Karl-Liebknecht-Straße 56, 01109 Dresden
J Karin Solbrig,
Leiterin Presse- und Öffentlichkeitsarbeit
(vermittelt auch den Kontakt
zu den anderen Institutionen, s. u.)
Tel. +49 351 2646218,
Tel. +49 351 8627590 (Kasse),
solbrig@hellerau.org

Weitere Institutionen auf dem Festspielgelände:

- Deutscher Werkbund Sachsen e. V.
- Europäische Werkstatt für Kunst und Kultur Hellerau e. V.
- Förderverein Hellerau e. V.
- Heinrich-Tessenow-Institut-Hellerau e. V.
- Institut Rhythmik Hellerau e. V.
- Kulturstiftung des Freistaates Sachsen
- Neuer Sächsischer Kunstverein
- Sächsischer Kultursenat
- The Forsythe Company
- Theater DEREVO St. Petersburg–Dresden
- Trans-Media-Akademie Hellerau e. V.

Weitere bedeutende Musikinstitutionen

- Dresdner Kapellknaben, Ltg: Domkapellmeister Matthias Liebich www.kapellknaben.de
- Dresdner Sinfoniker e.V. Intendant: Markus Rindt, www.dresdner-sinfoniker.de
- Dresdner Kammerchor e.V. Ltg: Prof. Hans-Christoph Rademann www.dresdner-kammerchor.de
- Heinrich Schütz Konservatorium Geschäftsführerin: Kati Kasper www.Musik-macht-FreuNde.de

Staatsschaupiel Dresden / © DMG / Christoph Münch

- Hochschule für Musik Carl Maria von Weber (s. auch Hochschulen) Rektor: Prof. Ekkehard Klemm www.hfmdd.de
- Neue Jüdische Kammerphilharmonie Dresden www.juedische-philharmonie-dresden.de
- Jazzclub Neue Tonne Geschäftsführer: Steffen Wilde www.jazzclubtonne.de
- Sächsisches Vocalensemble e.V. Ltg. Matthias Jung, www.saechsisches-vocalensemble.de
- Singakademie Dresden e.V. Ltg. Prof. Ekkehard Klemm www.singakademie-dresden.de
- Vocal Concert (ehem. Körnerscher Singverein e.V.) Ltg.: Peter Kopp, www.vocalconcert.de

Musiker und Dresden

Dresden ist weithin für seine Kunst und Architektur berühmt. Ebenso prominent sind die Musikeinrichtungen, die auf eine jahrhundertealte Tradition zurückgehen und die auch prominente Musiker angezogen haben. Eine knappe Übersicht der Musikgeschichte gibt es im Internet unter www.dresden.de/musikchronik.

Einzelbiographien von berühmten Komponisten und Informationen über ihre Verbindung zu Dresden hat die Dresden Marketing GmbH ebenfalls im Internet bereitgestellt: www.dresden.de/bach, www.dresden.de/liszt, www.dresden.de/mahler, www.dresden.de/mozart, www.dresden.de/schumann, www.dresden.de/strauss, www.dresden.de/wagner, www.dresden.de/weber

Über Musik in Dresden gibt es eine Fülle von Literatur. Die besten Hinweise gibt es über die Musikhochschule.
(➔ Hochschulen)

Kabaretts und Privattheater

Comödie Dresden
Sachsens größtes Privattheater.
Intendant: Christian Kühn
www.comoedie-dresden.de

Freiberger Str. 39 (WTC), 01067 Dresden
Presse- und Öffentlichkeitsarbeit:
J Torsten Flechsig,
Tel. +49 35208 341870
Adina Schütze, Tel. +49 172 7726684
Tel. +49 351 866410 (Kasse)
presse@comoedie-dresden.de

Theaterkahn – Dresdner Brettl
Das Theater auf der Elbe. Bestes musikalisches und komödiantisches Theater kleiner Form (von Erich Kästner bis Georg Kreisler, von Heinrich Heine bis Daniel Glattauer) Einzigartig in Deutschland:Theater und Restaurant, Unterhaltung und Genuss, beides auf höchstem Niveau – auf einem Schiff zwischen Frauenkirche und Semperoper.
Spieltage: Dienstag bis Sonntag
Kasse: Mo. bis Fr. 11–18 Uhr
und sowie 1 Std. vor der Vorstellung
www.theaterkahn.de

Terrassenufer/Augustusbrücke,
01067 Dresden
J Johannes Richter, Produktion und PR
Tel. +49 351 4824574,
Tel. +49 351 4969450 (Kasse)
produktion@theaterkahn.de,
kasse@theaterkahn.de

Theaterkahn | © DMG | Frank Exß

Theater wechselbad Dresden
Leichte Muse in großer Bandbreite
Geschäftsführerin: Petra Scheunemann
www.theater-wechselbad.de

ORPHÉE Event GmbH
J Jeanine Barth, Werbung/Grafik/
Presse- und Öffentlichkeitsarbeit
Maternistraße 17, 01067 Dresden
Tel. +49 351 7961151,
Tel. +49 351 7961155 (Kasse)
presse@orphee-event.de

tjg. theater junge generation
tjg. schauspiel, tjg. puppentheater,
tjg. theaterakademie
Intendantin: Felicitas Loewe
www.tjg-dresden.de

Meißner Landstraße 4, 01157 Dresden
Puppentheater im Rundkino
Prager Straße, 01069 Dresden
J Norbert Seidel, Presse- und
Öffentlichkeitsarbeit
Tel. +49 351 4291-230,
+49 351 42912-0 (Kasse)
presse@tjg-dresden.de

Societaetstheater
Gastspiele, Konzerte und thematische
Theaterfestivals. www.societaetstheater.de

An der Dreikönigskirche 1a, 01097 Dresden
J Anja Szczyrba, Presse- und
Öffentlichkeitsarbeit
Tel. +49 351 8119035,
Tel. +49 351 8036810 (Kasse)
oeffentlichkeitsarbeit@societaetstheater.de

Hoftheater Dresden
(Dresdens Liebhabertheater)
Kammerbühne in umgebauten
Dreiseithof am Dresdner Stadtrand.
Ins Leben gerufen von Schauspieler Rolf
Hoppe, der hier auch regelmäßig auftritt.
www.hoftheater-dresden.de

Hauptstraße 35, 01328 Dresden/OT Weißig
Intendant: Dirk Peter Neumann
Tel. +49 351 2506150
service@hoftheater-dresden.de

1001 Märchen in der Yenidze
www.1001maerchen.de

Weißeritzstraße 3, 01067 Dresden
Rainer Petrovsky, Geschäftsführer/
Programmgestaltung
Tel. +49 351 4951001
yenidze@1001maerchen.de

Zoras Welt
Travestie-Revue-Theater Carte Blanche, Varieté Theater Dresden, kroatisches Restaurant Buba Mara, Cocktailbar Zora, Hotel Backstage, Travestie-Revuen und Varieté in der Dresdner Neustadt.
Leitung: Deborah Zora Schwarz
www.carte-blanche-dresden.de

Prießnitzstraße 10–12, 01099 Dresden
J Grit Hazraty, Marketing und PR
Tel. + 49 351 2047213
info@carte-blanche-dresden.de

Sarrasani Trocadero Dinner-Varietétheater
Mitte November bis Mitte Februar im Theaterzelt. Leitung: André Sarrasani
www.sarrasani.de

Straßburger Platz, 01307 Dresden
J Steffen Ball/Kristine Bareuther, Presseagentur, c/o BALL:
COM Communications Company GmbH
Frankfurter Straße 20,
63150 Heusenstamm
Tel. +49 6104 6698-20/-10,
Tel. +49 351 6465056 (Kasse)
presse@sarrasani.de

Dresdens Kabarett-Theater
»DIE HERKULESKEULE« GmbH
Kabaretttheater mit über 50-jähriger Tradition. Intendant: Wolfgang Schaller.
www.kabarettfreund.de

Dresdner Kabarett Breschke & Schuch / DMG / © Alexander Beiersdorf

Sternplatz 1, 01067 Dresden
J Stefan Ebel, Geschäftsführung und PR
Tel. + 49 351 4925514
Tel. + 49 351 4925555 (Kasse)
ticket@herkuleskeule.de;
ebel.herkuleskeule@hotmail.de

Dresdner Kabarett
Breschke & Schuch gGmbH
Gegründet 1998 von den Kabarettisten Manfred Breschke, Thomas Schuch und Monika Breschke
www.kabarett-breschke-schuch.de

Wettiner Platz 10, 01067 Dresden
J Cornelia Resik, Presse- und Öffentlichkeitsarbeit
Tel. +49 351 4904009
ticket@kabarett-breschke-schuch.de

Dresdner Comedy & Theater Club
Italienisches Dörfchen, Theaterplatz 3
www.kulturperlen-agentur.de,
www.comedytheaterclub-dresden.de
J c/o Heike Jack, Agentur Kulturperlen
Tel. +49 351 4644877
jack@kulturperlen-agentur.de,
post@comedytheaterclub-dresden.de

projekttheater dresden
mit Tanzbühne Dresden e. V.
www.projekttheater.de,
www.tanzwoche.de
Louisenstraße 47, 01099 Dresden
Geschäftsführender Vorstand:
J D. G. J. Skowronek
Tel. +49 351 8107600,
Tel. +49 157-78085863
post@projekttheater.de, tanzwoche@
tanzbuehne-dresden.de

Theaterhaus Rudi
www.theaterhaus-rudi.de
Fechnerstraße 2a, 01139 Dresden
J Katrin Gawel, Tel. +49 351 8491925
info@theaterhaus-rudi.de

Sonstige Kulturveranstaltungsstätten

Alter Schlachthof
www.alter-schlachthof.de
Gothaer Straße 11, 01097 Dresden
Freilichtbühne Junge Garde A
Großer Garten, Karcher-Allee,
01287 Dresden
Bernd Aust-Kulturmanagement GmbH
Tel. +49 351 8666011
info@konzertkasse-dresden.de

Messe Dresden
www.messe-dresden.de
J Antje Schmidt,
Leiterin Kommunikation/Pressesprecherin
Messering 6, 01067 Dresden
Tel. +49 351 4458-135
antje.schmidt@messe-dresden.de

Dresden literarisch

»Die Wahrheit ist vorhanden für den Weisen, die Schönheit für ein fühlend Herz«, schreibt Schiller in seinem in Dresden entstandenen »Don Karlos«. Dresden als Stadt gewordene Schönheit, aber auch als Ort der Wissenschaft hat auf zahlreiche Dichter magisch gewirkt. Prominentester Gast war Goethe, der mit seinen Essays und Beschreibungen auch als einer der ersten Reisejournalisten für Dresden gelten kann. Er trug Dresdens Ruf als Kunststadt ins deutsche Bildungsbürgertum. Friedrich Schiller vollendete in Dresden seinen »Don Karlos« und seine »Ode an die Freude«, die in Beethovens Vertonung zur Europa-Hymne wurde. Zahlreiche weitere Dichter wirkten in Dresden, so Theodor Körner, E. T. A. Hoffmann, Heinrich von Kleist, Ludwig Tieck, der japanische Goethe-Übersetzer Mori Ôgai oder Gerhart Hauptmann. Erich Kästner, 1899 in der Dresdner Neustadt geboren, beschrieb diese in seinen Kindheitserinnerungen. In jüngster Zeit kamen Thomas Rosenlöcher, Jens Wonneberger und nicht zuletzt Uwe Tellkamp hinzu, dessen preisgekrönter Roman »Der Turm« das Dresdner Bürgertum zur DDR-Zeit beschrieb. Und auch Umberto Eco ließ sich von Dresden inspirieren.
Weiterführende Pressetexte:
www.dresden.de/goethe
www.dresden.de/schiller
www.dresden.de/ogai
www.dresden.de/kaestner
http://bit.ly/dresden-zitate

SemperOpenairBall | © DMG | Frank Exß

Regelmäßige Festivals und Veranstaltungshöhepunkte

In Dresden ist das ganze Jahr über etwas los. Pressevertreter, die über besondere Veranstaltungen berichten möchten, setzen sich am besten direkt mit dem Veranstalter (siehe Internet) in Verbindung. In einigen Fällen sind dies Institutionen, die an anderer Stelle bereits erwähnt worden sind.

Januar

SemperOpernball & SemperOpenairball
Ballerlebnis von internationalem Renommee
Semperoper, Theaterplatz, Mitte Januar
www.semperopernball.de

Februar

Erich Kästner Museum Festival
Szenische Lesung, Filme, Literaturaktionen ➔ Erich-Kästner-Museum
www.erich-kaestner-museum.de

März

Operettenball
mit Melodien von Franz Léhar und Johann Strauß, Künstler der
➔ Staatsoperette Dresden
Hotel Kempinski Taschenbergpalais, Mitte März
www.staatsoperette-dresden.de

Tage der Industriekultur mit Dampfloktreffen
Veranstaltungen, Ausstellungen und größtes Dampfloktreffen im Osten Deutschlands mit historischem Ambiente
Eisenbahnmuseum im Bahnbetriebswerk Dresden Altstadt, ➔ Verkehrsmuseum
www.meisachsen.de

Johann Sebastian Bach: Passionen
Gesungen vom ➔ Dresdner Kreuzchor und dem Kammerchor der Frauenkirche Dresden
Kreuzkirche, ➔ Frauenkirche, Karwoche (Woche vor Ostern); www.kreuzchor.de, www.frauenkirche-dresden.de

April

Dresdner Nachtskaten
verschiedene Strecken durch Dresden
Start Halfpipe Lingnerallee, von Ende April bis Ende September 2012
www.nachtskaten-dresden.de

Filmfest Dresden
Internationales Kurzfilmfestival
verschiedene Veranstaltungsorte, Mitte April
www.filmfest-dresden.de

Tanzwoche Dresden
zeitgenössischer Tanz, Tanztheater, Workshops und Performance
➔ Projekttheater und verschiedene Veranstaltungsorte
www.tanzwoche.de

Mai

Traditionelle Dampferparade
der ➔ Sächsischen Dampfschiffahrt älteste und größte Raddampferflotte der Welt, Paradefahrt mit neun historischen Schaufelraddampfern
Terrassenufer, am 1. Mai
www.saechsische-dampfschiffahrt.de

Traditionelle Dampferparade | © DMG | Frank Exß

Karl-May-Festtage Radebeul
typische Wildwest-Atmosphäre und Indianerkultur
Radebeul, Lößnitzgrund, Mitte Mai
www.karl-may-fest.de

Johann-Strauss-Festival Dresden
Bühnenwerke von Johann Strauss und Jacques Offenbach
➔ Staatsoperette Dresden, Mitte Mai
www.staatsoperette-dresden.de

Lange Nacht der Theater
alle ➔ Dresdner Theater öffnen für eine Nacht ihre Türen mit einem Sonderprogramm
www.staatsschauspiel-dresden.de;
www.semperoper.de u. a.

Internationales Dixieland Festival
ältestes Oldtime-Jazz-Festival Europas
verschiedene Veranstaltungsorte, Mitte Mai
www.dixieland.de

Dresdner Musikfestspiele
Konzerte mit internationalen hochkarätigen Orchestern und Künstlern.
Intendant: Jan Vogler
verschiedene Veranstaltungsorte, Mitte Mai bis Anfang Juni
www.musikfestspiele.com
J Susanne Lutz, presse@musikfestspiele.com, Tel. +49 351 4785624

Juni

Hellerau meets Internationals
Festivalreihe mit Kultur, Tanz und Ausstellungen
Gebäudeensemble Deutsche Werkstätten Hellerau, Anfang Juni
www.hellerau-gb.de

Alumni-Ball der Technischen Universität Dresden
Die ➔ Technische Universität lädt Alumni, Studierende, Partner und Freunde zum Ball

Internationales Congress Center Dresden,
Anfang Juni
http://tu-dresden.de/alumniball

Filmnächte am Elbufer
Deutschlands schönstes
Open-Air-Kino- und Konzertfestival,
Königsufer, von Ende Juni bis August
www.filmnaechte-am-elbufer.de

BRN – Bunte Republik Neustadt
Stadtteilfest im Dresdner Szeneviertel,
am dritten Juni-Wochenende
www.brn-dresden.de
u.a. nicht offizielle Seiten

Elbhangfest
Kunst- und Bürgerfest in der malerischen Kulturlandschaft des Dresdner Elbhangs zwischen Blauem Wunder in Loschwitz und Schlosspark Pillnitz, jährlich am letzten Juniwochenende
www.elbhangfest.de

Barockfest Dresden
barock-historische Bühnenprogramme,
Handwerkermarkt, militärhistorisches Biwak
Königlicher Garten des Japanischen Palais,
jeweils am Wochenende nach dem Elbhangfest
www.barockfest-dresden.de

Campusparty
Eine der größten Uni-Partys in Deutschland mit angesagten Bands
Campus der → TU Dresden, Mitte Juni
www.campusparty.de

Juli

Dresdner Lange Nacht der Wissenschaften
Institute und Hochschulen
geben Einblicke in ihre Arbeit
verschiedene wissenschaftliche
Einrichtungen, Anfang Juli
www.dresden-wissenschaft.de

Dresdner Schlössernacht / © DMG / Dirk Sukow

Ostrale
Ausstellung für zeitgenössische Kunst
Ostragehege, Juli bis September
www.ostrale-zentrum.de

Dresdner Schlössernacht
Die drei Elbschlösser verwandeln sich in eine faszinierende Kulturlandschaft
Schloß Albrechtsberg, Lingnerschloss,
Schloss Eckberg, Mitte Juli
www.dresdner-schloessernacht.de

Museums-Sommernacht Dresden
ca. 50 Dresdner Museen bieten
exklusive Führungen, Konzerte,
Lesungen u. v. m., Mitte Juli
www.dresden.de/museumsnacht

Erich Kästner Rallye
Kinderfest im Stadtzentrum, Mitte Juli
www.erich-kaestner-museum.de

August

Pillnitzer Schlossnacht
Musik und Tanz, Schauspiel und Artisten
Schlosspark Pillnitz, Mitte August
www.pillnitzer-schlossnacht.de

Moritzburg Festival
Zwei Wochen Kammermusik mit internationalen Spitzenmusikern, jährlich im August.

Künstlerische Leitung: Jan Vogler
Schloss und Kirche Moritzburg, Schloss Proschwitz, Frauenkirche, Gläserne Manufaktur von Volkswagen
www.moritzburgfestival.de

Dresdner Stadtfest
Ostdeutschlands größtes Volksfest, am 3. August-Wochenende
www.dresdner-stadtfest.com

Flottenparade der ➔ Sächsischen Dampfschiffahrt
mit 9 historischen Raddampfern und 2 Salonschiffen, am Samstag des Stadtfestes
www.saechsische-dampfschiffahrt.de

Bardinale
Poesiefestival für internationale, deutschsprachige und regionale Dichtung der Gegenwart, verschiedene Veranstaltungsorte, Ende August
www.bardinale.de

Oktober

TonLagen – Dresdner Festival der zeitgenössischen Musik
➔ Festspielhaus Hellerau, Anfang Oktober
www.hellerau.org

Heinrich-Schütz-Musikfest Dresden
Musik des 15.-18. Jahrhunderts
verschiedene Veranstaltungsorte, Mitte Oktober
www.schuetz-musikfest.de
www.dresdner-hofmusik.de

Tschechisch-Deutsche Kulturtage
Musik, Theater, Ausstellungen, Film, Literatur, Symposien und Workshops
verschiedene Veranstaltungsorte, Ende Oktober bis Anfang November
www.tschechische-kulturtage.de

HOPE-Gala Dresden
Benefiz-Veranstaltung zugunsten des AIDS-Projektes HOPE Kapstadt
Schauspielhaus, Ende Oktober
www.hopegala.de

Dresdner Musikfestspiele I DMG I © Foto: Sonja Werner

Pyro Games Feuerwerksfestival
ein Highlight der Feuerwerkskunst
Messe Dresden, Ende Oktober
www.pyrogames.de

Semicon Europa
Europäische Leitmesse
der Mikroelektronik für Fachbesucher
Messe Dresden, Ende Oktober
www.semiconeuropa.org

UNITY – Deutschlands größte Innenstadtparty
Innenstadt, Ende Oktober
www.unity-dresden-night.de

November

Jazztage Dresden
internationales Jazz Festival
verschiedene Veranstaltungsorte,
Anfang November
www.jazztage-dresden.de

CYNETART Festival
Festival für computergestützte Kunst
Festspielhaus Hellerau, Ende November
www.cynetart.de

Dresdner Striezelmarkt
ältester und einer der größten
Weihnachtsmärkte Deutschlands
Altmarkt, jeweils vor dem
1. Advent bis 24. Dezember
www.dresden.de/striezelmarkt

Dezember

Sebastian Bach: Weihnachtsoratorium
Konzerte des → Dresdner Kreuzchores,
des Kammerchors der → Dresdner
Frauenkirche und anderer Chöre
Kreuzkirche, Frauenkirche u. a.,
Anfang Dezember
www.kreuzchor.de,
www.frauenkirche-dresden.de

Christvesper I © DMG I Sylvio Dittrich

Christvespern des Dresdner Kreuzchores und der Dresdner Kapellknaben
Kreuzkirche; Kathedrale, 24. Dezember
www.kreuzchor.de, www.kapellknaben.de

Silvester Open Air auf dem Theaterplatz
unvergessliche Silvesternacht inmitten einer atemberaubenden Silhouette mit großem Höhenfeuerwerk, am 31. Dezember
www.silvester-theaterplatz.de

Musikalische Silvestervespern in Dresdner Kirchen
www.kapellknaben.de, www.kreuzchor.de,
www.frauenkirche-dresden.de

Veranstaltungen aktuell

Die jeweils aktuellen Veranstaltungshöhepunkte gibt es im Internet unter
www.dresden.de/highlights

Der aktuelle Veranstaltungskalender der Landeshauptstadt Dresden mit Stichwortsuche steht im Internet unter
www.dresden.de/veranstaltungen.
Vor Ort informieren mehrere, meist monatliche Stadtmagazine über Veranstaltungen. Kostenfrei liegen folgende Broschüren an vielen Stellen aus:
Dresdner Kulturmagazin,
Blitz, Fritz, Port 01, Gegenpol (nur gay).
Im Zeitschriftenhandel kann man zudem die Stadtmagazine SAX und PRINZ erwerben.

Wissenschaft und Forschung

- (F) Tipps für Fotografen und Filmteams
- (J) Journalistenkontakt
- (P) Pressebereich auf Website vorhanden
- (A) Hochauflösende Fotos zum Herunterladen auf Website vorhanden
- (W) Ausführlicher Wikipedia-Beitrag vorhanden (ohne Gewähr)

Aquarien mit Zebrafischen im Max Planck Institut | © DMG | Landeshauptstadt Dresden | Jürgen Lösel

Die Zeiten, da einem bei der Frage nach Dresdner Erfindungen vor allem Böttgers Gefangenschaft in der Alchemistenküche und damit das europäische Porzellan einfiel, sind vorbei. Über die Erfindung des BHs oder der Kaffeefiltertüte wird man heute vielleicht ein wenig lächeln, aber spätestens seit im Elbtal die erste deutsche Dampflokomotive gebaut und die Kameratechnik revolutioniert wurde, kann Dresden als Stadt von Wissenschaft und Forschung bezeichnet werden.

Heute besitzt sie eine hochkarätige, facettenreiche, international anerkannte und vernetzte Forschungslandschaft mit einem guten Dutzend Universitäten und Hochschulen und einer ganzen Reihe von Instituten, die sich besonders auf so zukunftsorientierten Feldern wie Mikroelektronik/Informations- und Kommunikationstechnologie, Nanotechnologie/Neue Werkstoffe und Life Sciences/Biotechnologie Kompetenzen erworben haben und eng mit der Industrie verflochten sind. Mit dem Forschungszentrum für Regenerative Therapien hat Dresden zudem das erste Exzellenzcluster der neuen Bundesländer und seit 2005 diskutieren Wissenschaftler aus aller Welt beim »Dresdner Zukunftsforum« über globale Menschheitsfragen.

Neben diesen Spitzenleistungen wecken und befriedigen Kinderuni und Seniorenakademie oder Initiativen wie der »Juniordoktor« oder die »Lange Nacht der Wissenschaften« ein breites Interesse an wissenschaftlicher Forschung und lebenslanger Bildung. Einrichtungen wie das Verkehrsmuseum, die Technischen Sammlungen, die Universitätssammlungen Kunst + Technik, das Deutsche Hygiene-Museum mit seiner »gläsernen Frau« und zahlreiche technische Denkmäler wie die Seilbahnen am Elbhang, die historische Dampferflotte, die Parkeisenbahn oder historische Bahnen in Radebeul und Freital machen Dresden über seinen Ruf als Kunst- und Kulturstadt hinaus auch für technisch interessierte Besucher attraktiv.

Studieren in Dresden

Statistik Studenten

41 346 Studenten
im Wintersemester 2010/2011
80,4 %
an der Technischen Universität Dresden
13,2 %
an der Hochschule für Technik und Wirtschaft
6,4 %
an den anderen 7 Hochschulen

42,5 % weibliche Studenten
9,4 % ausländische Studenten

Mehr als 30 Wohnheime in Dresden
mit 7 000 Wohnheimplätzen
Kosten zwischen 82 und 247 € pro Monat

TU Dresden

Die TU Dresden ist eine der Spitzenuniversitäten Deutschlands und Europas: stark in der Forschung, erstklassig in der Vielfalt und der Qualität der Studienangebote, eng vernetzt mit Kultur, Wirtschaft und Gesellschaft. Als moderne Volluniversität bietet sie mit ihren 14 Fakultäten ein breit gefächertes wissenschaftliches Spektrum wie nur wenige Hochschulen in Deutschland. Sie ist die größte Universität Sachsens. Als einzige ostdeutsche Hochschule war die TU Dresden in der ersten Runde der Exzellenzinitiative des Bundes und der Länder zur Förderung universitärer Spitzenforschung 2006 sowohl mit einem Exzellenzcluster als auch einer Graduiertenschule erfolgreich. Dies unterstreicht die Rolle der TU Dresden in der Spitzenforschung und der Förderung des Forschungsnachwuchses. In der aktuellen Runde (2010/12) der Exzellenzinitiative ist die TU Dresden mit ihrem Zukunftskonzept und dem Exzellenzcluster »Cfaed – Center for Advancing Electronics Dresden« im Rennen. Dazu kommen die zwei Fortsetzungsanträge aus der ersten Runde. www.tu-dresden.de

TU Dresden, 01062 Dresden,
J Kim-Astrid Magister, Pressesprecherin
Tel. +49 351 463-32398
pressestelle@tu-dresden.de

Technische Universität Dresden / DMG / © Karsten Eckold

TUD Dresden concept
ein Verbund der TUD mit starken Partnern aus Wissenschaft und Kultur. Die Partner erschließen und nutzen Synergie in den Bereichen Forschung, Ausbildung, Infrastruktur und Verwaltung und entwickeln eine gemeinsame Strategie, weltweit führende Wissenschaftler für Dresden zu gewinnen. www.dresden-concept.de

c/o TU Dresden - Büro des Rektors
Helmholtzstraße 10, 01069 Dresden
Tel. +49 351 463-34312
J Marlene Odenbach,
Presse- & Öffentlichkeitsarbeit
Tel. +49 351 463-34520
Marlene.Odenbach@dresden-concept.de

TU Dresden
Medizinische Fakultät Carl Gustav Carus
Hochschulmedizin Dresden – Spitzenforschung, innovative Lehre und medizinische Betreuung auf höchstem Versorgungsniveau.
www.tu-dresden.de/med

Fetscherstraße 74, 01307 Dresden
J Konrad Kästner,
Öffentlichkeitsarbeit und Marketing
Tel. +49 351 4585486
konrad.kaestner@tu-dresden.de

OncoRay-National Center
for Radiation Research in Oncology
Die Vision von OncoRay ist, die Heilung von Krebserkrankungen durch eine biologisch individualisierte, technologisch optimale Strahlentherapie zu verbessern. Der Fokus und die Strategie des Zentrums zielen dabei auf den hohen Bedarf an präklinischer und klinischer Translationsforschung in diesem Forschungsfeld.
www.oncoray.de

c/o Medizinische Fakultät Carl Gustav Carus,
Technische Universität Dresden
Fetscherstr. 74, PF 41, 01307 Dresden
Tel. +49 351 458-5414,
J Franziska Hübner
Tel. +49 351 4587440
franziska.huebner@Oncoray.de

TU Dresden – ECEMP -
European Centre for Emerging Materials and Processes Dresden
Das ECEMP ist ein Sächsischer Exzellenzcluster. Seine Wissenschaftler entwickeln in 14 Teilprojekten Mehrkomponentenwerkstoffe für die drei Zukunftsfelder Energietechnik, Umwelttechnik und Leichtbau. Dabei bündeln sie die Kompetenzen in allen Materialklassen (Metalle, Kunststoffe, Naturstoffe und Keramiken) und der gesamten Wertschöpfungskette (Materialdesign (CMS), Entwicklung, Herstellung, Verarbeitung und Anwendung von Bauteilen). www.ecemp.tu-dresden.de

Marschnerstraße 39, 01307 Dresden
J Dr. Silke Ottow, ECEMP-Pressestelle
Tel. +49 351 463-38447
silke.ottow@ecemp.tu-dresden.de

Hochschulen

Hochschule für
Technik und Wirtschaft Dresden
Die Fachhochschule deckt mit ihren acht Fakultäten und 45 Studiengängen sowohl die traditionellen Studiengänge als auch in Sachsen einmalige Studienmöglichkeiten wie Agrarwirtschaft, Gartenbau, Umweltmonitoring, Geoinformation und Vermessungswesen bzw. Kartographie ab. Praxisnähe, kleine Arbeitsgruppen, internationale Kooperationen und modernste Laboratorien und Technika gewährleisten einen hohen Qualitätsstandard. Auf dem Gebiet der Forschung und Entwicklung für die Wirtschaft übernimmt die HTW Dresden Forschungsaufträge, Gutachten, Laboruntersuchungen und Weiterbildungsmaß-

Hochschule für Bild. Künste I © DMG I Christoph Münch

nahmen. Eine Transferstelle unterstützt Unternehmen und Fachverbände bei der Kontaktaufnahme.
Die Hochschule betreibt eine aktive Forschungs- und Entwicklungstätigkeit, insbesondere in ihren Profillinien: Mobilsysteme und Mechatronik, Nachhaltige Lebensgrundlagen, Informationelle und multimediale Systeme sowie Unternehmensführung und Gründung.
www.htw-dresden.de

Friedrich-List-Platz 1, 01069 Dresden
Tel. +49 351 462-0
J Dipl.-Ing. Bärbel Heider
Öffentlichkeitsarbeit
Tel.+49 351 462-2312
pressestelle@htw-dresden.de

Hochschule für Bildende Künste Dresden

Im Jahre 1764 als »Haupt-Kunstakademie« gegründet, ist die Dresdner Akademie heute eine der ältesten Kunstakademien in Europa. Die Angebote und unterschiedlichen künstlerischen Positionen für das Studium sind breit gefächert. Die Studienmöglichkeiten erlauben es zudem, sich innerhalb und zwischen den einzelnen Fachklassen zu bewegen. Namhafte Künstlerinnen und Künstler des internationalen Kunstgeschehens und der Wissenschaft lehren hier nach den zentralen Leitgedanken Öffnung, Transparenz und Austausch. Den Studierenden stehen großzügige Ateliers, sehr gut ausgestattete Werkstätten und hervorragende Ausstellungsmöglichkeiten zur Verfügung.
Die Hochschule ist intensiv und praxisnah mit dem Kosmos der zeitgenössischen bildenden Kunst, dem Theaterleben, der Kulturgütererhaltung und den Schnittstellen von Kunst und sozialen Fragestellungen verbunden. www.hfbk-dresden.de

Güntzstraße 34, 01307 Dresden
Tel. +49 351 49267-0 (Zentrale)
J Andrea Weippert,
Presse und Öffentlichkeitsarbeit
Tel. +49 351 49267-16
presse@serv1.hfbk-dresden.de

Hochschule für Musik »Carl Maria von Weber« (HfM)

Die Hochschule für Musik Dresden gehört zu den ältesten Bildungseinrichtungen ihrer Art in Deutschland. Sie bietet alle klassischen Ausbildungsfächer einer Musikhochschule und viele Möglichkeiten für Zusatzqualifikationen. Schwerpunkt ist eine konzentrierte Spitzenausbildung, die die hochqualifizierten Grundlagen für eine anspruchsvolle künstlerische oder kunstpädagogische Karriere schafft. Sie arbeitet eng mit der Dresdner Oper, der Sächsischen Staatskapelle und der Dresdner Philharmonie zusammen.
www.hfmdd.de

Wettiner Platz 13, 01067 Dresden
Tel. +49 351 4923-600
J Dr. Katrin Bauer, Öffentlichkeitsarbeit
Tel. +49 351 4923654
katrin.bauer@hfmdd.de

Hochschule für Kirchenmusik Dresden

Die Hochschule ist eine staatlich anerkannte Einrichtung der Evangelisch-Lutherischen Landeskirche Sachsens. Ziel der Ausbildung ist der kirchliche Dienst. Er umfasst Tätigkeiten sowohl im musikalischen als auch im kommunikativen, pädagogischen und sozialen Bereich. Neben einer hervorragenden musikalischen Ausbildung werden den Studierenden die notwendigen theologischen und allgemeinen Grundlagen vermittelt, die sie als Mitarbeiter im Verkündigungsdienst benötigen.
Die Hochschule für Kirchenmusik ist ökumenisch offen.
www.kirchenmusik-dresden.de

Käthe-Kollwitz-Ufer 97
01309 Dresden
Tel. +49 351 31864-0
J Prof. Matthias Drude
Öffentlichkeitsarbeit
Tel. +49 351 31864-15
drude@kirchenmusik-dresden.de

Palucca Hochschule für Tanz Dresden

Die Palucca Hochschule für Tanz Dresden ist Deutschlands einzige eigenständige Hochschule für Tanz. Sie wurde 1925 von der Tänzerin Gret Palucca gegründet und bildet in folgenden Studiengängen aus: Bachelorstudiengang Tanz und Bachelorstudiengang Tanzpädagogik, Masterstudiengang Tanzpädagogik und Masterstudiengang Choreographie. Außerdem ist ein zweijähriges Studium in der Künstlerischen Meisterklasse möglich. In Kooperation mit dem Semperoper Ballett existiert ein Elevenprogramm. Die Tanzhochschule ist den Kunsthochschulen im Freistaat Sachsen gleichgestellt. Schwerpunkte des Studiums sind der Klassische, der Moderne/ Zeitgenössische Tanz sowie die Improvisation.
www.palucca.eu

Basteiplatz 4, 01277 Dresden
Tel. +49 351 25906-0
J Eileen Mägel, Pressesprecherin
Tel. +49 351 25906-39
presse@palucca.eu

Evangelische Hochschule Dresden

Die Hochschule bewegt sich im Spannungsfeld zwischen moderner Sozialarbeitswissenschaft und christlicher Tradition. Sie zeichnet sich durch einen hohen Praxisbezug aus und sucht die Auseinandersetzung mit der Berufswirklichkeit sozialer Berufe und mit der alltäglichen Lebenswelt der Menschen. Das Studienangebot umfasst die grundständigen Studiengänge »Soziale Arbeit« und »Bildung und Erziehung in der Kindheit« sowie weitere Masterstudiengänge und berufsbegleitende Studiengänge.

Evangelische Hochschule Dresden
Dürerstraße 25, 01307 Dresden
J Prof. Dr. Ralf Evers (Rektor)
Tel. +49 351 46902-11
rektorat@ehs-dresden.de

Palucca Hochschule für Tanz Dresden | DMG | © Konrad Hirsch

Fachhochschule der Wirtschaft (FHDW)
Die FHDW ist eine private Hochschule mit staatlichen Abschlüssen. In den angebotenen Bachelor-Studiengängen Angewandte Informatik und Business Administration wird nach dem dualen Prinzip ausgebildet, d.h. anwendungsbezogene wissenschaftliche Lehre und betriebliche Praxis genießen den gleichen hohen Stellenwert. Die Studenten wechseln daher regelmäßig zwischen der Lehre an der FHDW und der Praxisausbildung im Partnerunternehmen. www.fhdw.de

Paradiesstraße 40, 01217 Dresden
Tel. +49 351 87667-40
J Michael Schüppel, Pressesprecher
Tel. +49 5251 301-175
michael.schueppel@fhdw.de

Akademie für Wirtschaft und Verwaltung (AWV) Dresden
Die AWV ist ein Bildungsträger in freier Trägerschaft und bietet eine Vielzahl von Aus-, Weiterbildungs- und Studienmöglichkeiten an. An der Fachhochschule können Interessierte in den Studiengängen Betriebswirtschaft, Informatiksysteme, Mode- und Grafikdesign mit Bachelor-Abschluss studieren. In den folgenden Jahren ist vorgesehen, in jedem Fachbereich weitere Studiengänge anzubieten. www.fhs.de

Blasewitzer Str. 60, 01307 Dresden
Tel. +49 351 4445-0
J Frau S. Hauptmann, Presse
Tel. +49 351 2585689420
shauptmann@afbb-ggmbh.de

Studentenalltag in Dresden

Zwischen Hoch-, Nischen- & Kneipenkultur

Dresden ist eine Stadt mit besonderem Flair. Was jährlich zahlreiche Touristen anlockt, ist – neben den sehr guten Studienbedingungen – auch ein ausschlaggebender Grund, weshalb junge Menschen in die sächsische Landeshauptstadt ziehen, um hier ein Studium zu absolvieren. Dabei ist der Dresdner Student im Bundesdurchschnitt auch deutlich zufriedener als seine Kommilitonen in manch anderer Stadt. Kein Wunder – denn Dresden bietet zahlreiche Vorraussetzungen für eine erfolgversprechende Beanspruchung des Geistes – einerseits an den Hochschulen, andererseits in Form des außeruniversitären körperlichen und seelischen Ausgleichs weitab der Lehrgebäude: So lädt die nahe gelegene Sächsische Schweiz, das Geburtsland des »Freeclimbing«, dazu ein, die eigenen Kletterkünste unter Beweis zu stellen.
Die weniger aktive Studentenschaft trifft sich auch gern nach getaner Arbeit an den Elbwiesen oder im Großen Garten, um einfach die Seele baumeln zu lassen. Nebst Hochkultur von internationalem Rang bietet die Landeshauptstadt ihren Studenten eine Kneipenkultur von einzigartiger Vielfalt. In keiner anderen deutschen Stadt gibt es so viele Studentenclubs wie in Dresden. Hier trifft man sich zu geselligem Beisammensein, um sich Lesungen, Theater oder einfach einem gemütlichen Feierabendbier zu widmen. Von House-Club bis Heavy Metal Kneipe hat die Szene – bestehend aus insgesamt fast 20 Clubs – für jeden Geschmack etwas parat. Doch den Dresdner Studenten trifft man auf seinen nächtlichen Streifzügen natürlich nicht nur in Studentenclubs an, sondern auch in den urigen und kultigen Clubs und Bars des quirligen Szene- und Gründerzeitviertels Neustadt. Zahlreiche Studierende haben sich diesen Stadtteil mit seiner lebendig-bunten Nischenkultur zugleich als ihr Wohnviertel auserkoren.
Andere haben ihr Quartier in einem der 35 Wohnheime in Campus-Nähe: Hörsaal nicht

weitab vom Schlafsaal – für viele ein wichtiges Kriterium. Doch auch die sehr gute Verkehrsverbindung innerhalb Dresdens – ob von Neustadt oder aus einem der anderen Stadtteile zum Campus – verwirklicht diesen studentischen Traum, der dank des Semestertickets auch kostengünstig umzusetzen ist.
Ein wichtiger Aufenthaltsort vor allem während der Prüfungszeit sind für viele Studierende die Bibliotheksräume der Sächsischen Staats- und Universitätsbibliothek. Die SLUB, von den Dresdner Studenten auch liebevoll als »Lernbunker« betitelt, ist eine der größten und leistungsstärksten Bibliotheken Deutschlands.
Und für die Stärkung zwischendurch: »Lieber mensen gehen« – mit diesem Slogan bitten die Mensen des Studentenwerks Dresden zu Tisch und liegen damit bei den Studenten absolut im Trend. Insgesamt 13 Mensen und 5 Cafeterien sorgen täglich für das leibliche Wohl ihrer Besucher. So manchen Zögling der Dresdner Hochschullandschaft findet man nach seinem Studium auch in den hier angesiedelten namhaften Firmen wieder. Sie sorgen dafür, dass Dresden auch nach dem Studium attraktiv bleibt. (LB)
Für journalistische Anfragen an Studierende erfolgt eine direkte Vermittlung über das Studentenwerk Dresden.

Studentenwerk Dresden

Das Studentenwerk Dresden bietet Service für ca. 48 000 Studierende von neun Hochschulen in Dresden, Zittau und Görlitz. Zum Leistungsspektrum des Studentenwerks Dresden gehören Studienfinanzierung, Verpflegung in den Mensen und Cafeterien, Wohnraum-Bewirtschaftung, Kulturförderung und internationale Austausche. Darüber hinaus gibt es eine Sozial- und Rechtsberatung, eine Psychosoziale Beratungsstelle, zwei Kindertageseinrichtungen und eine Kinder- und Kurzzeitbetreuung.
www.studentenwerk-dresden.de

Fritz-Löffler-Straße 18
01069 Dresden
Tel. +49 351 4697-50
J Dr. Heike Müller
Pressesprecherin
Tel. +49 351 4697529
Heike.Mueller@swdd.tu-dresden.de

Studentenwohnheim | DMG | © Landeshauptstadt Dresden | Jürgen Lösel

Studienakademien

Staatliche Studienakademie Dresden der Berufsakademie Sachsen

Die Staatliche Studienakademie Dresden verfolgt gemeinsam mit den Praxispartnern das Ziel, neben der Berufsfähigkeit auch die Berufsfertigkeit im gewählten Berufsfeld zu vermitteln. Jeder Studienabschnitt besteht daher jeweils aus einem 12 Wochen umfassenden wissenschaftsbezogenen und einem praktischen Studienabschnitt. Die praktischen Studienabschnitte werden bei vertraglich gebundenen Praxispartnern der BA absolviert. Die Studienangebote umfassen die Bereiche Wirtschaft und Technik. www.ba-dresden.de

Heideparkstraße 8
01099 Dresden
Tel. +49 351 81334-0
J Franziska Wels, Öffentlichkeitsarbeit
Tel. +49 351 8133484
franziska.wels@ba-dresden.de

Sächsische Verwaltungs- und Wirtschafts-Akademie

Die Sächsische Verwaltungs- und Wirtschafts-Akademie e. V. ist eine unabhängige Fortbildungsinstitution in öffentlicher Trägerschaft. Die berufsbegleitenden Studiengänge eröffnen gute Chancen für den beruflichen Aufstieg. Für die öffentliche Verwaltung, die Wirtschaft und für freie Berufe bietet die Sächsische VWA ein umfangreiches Programm der fachbezogenen Fortbildung an. www.s-vwa.de

Wiener Platz 10, 01069 Dresden
Tel. +49 351 4704510
J Herr Dr. Leibiger, Öffentlichkeitsarbeit
Tel. +49 351 4704515, leibiger@s-vwa.de

Dresden International University

Die private wissenschaftliche Hochschule Dresden International University (DIU), welche im Jahr 2003 gegründet wurde, setzt sich zum Ziel, neueste wissenschaftliche Erkenntnisse für berufsnahe Anwendungen aufzubereiten und sie interdisziplinär und berufsbegleitend an akademisch geschulte Führungskräfte zu vermitteln. Sie bietet darüber hinaus grundständige Studiengänge an, die in Kombination mit einer Berufsausbildung auch für künftige Berufseinsteiger Vorteile am Arbeitsmarkt gewähren will.
www.dresden-international-university.com

Freiberger Str. 37, 01067 Dresden
Tel. +49 351 40470-106
J Wirtsch.-Ing. Stefan Erbe, Presse
Tel. +49 351 40470-106
stefan.erbe@di-uni.de

Dresdner Lange Nacht der Wissenschaften / © DMG / Frank Exß

Forschen in Dresden

Fraunhofer Center Nanoelektronische Technologie
Schwerpunktthemen sind die Bearbeitung ausgewählter Prozessschritte auf 300-mm-Wafern für die Fertigung von high-density-Speicherbausteinen sowie high-performance-Transistoren. Hier werden neue Analyse- und Metrologieverfahren entwickelt sowie die Ergebnisse der Waferprozessierung analysiert. www.cnt.fraunhofer.de

Königsbrücker Straße 180, 01099 Dresden
Tel. +49 351 2607-3001
J Madlen Scheibe, Marketing/PR
Tel. +49 351 2607-3044
madlen.scheibe@cnt.fraunhofer.de

Fraunhofer-Institut für Werkstoff- und Strahltechnik IWS Dresden
Die Geschäftsfelder des Fraunhofer IWS liegen in den Bereichen Fügen, Trennen und Oberflächentechnik. Die Forschungs- und Entwicklungsarbeit basiert auf einem ausgeprägten Werkstoff- und Nanotechnik-Know-how, verbunden mit einer umfassenden Werkstoffcharakterisierung.
www.iws.fraunhofer.de

Winterbergstraße 28
01277 Dresden
Tel. +49 351 83391-0
J Dr. Ralf Jäckel,
Presse und Öffentlichkeitsarbeit
Tel. +49 351 83391-3444
ralf.jaeckel@iws.fraunhofer.de

Fraunhofer-Institut für Verkehrs- und Infrastruktursysteme
Das breite Forschungspektrum umfasst Verkehrsinformations- und Live-Kamera-Systeme, Verkehrsprozessanalysen, -bewertung und -optimierung, Katastrophenmanagement, elektronisches Ticketing, Energiespeicher- und Wasserstofftechnologien, mobile Brennstoffzellen, automatische Lenkregelung, Monitoring verkehrsbedingter Immissionen, intermediäre Fahrzeuge, hybride Antriebstechnik, Fahrerassistenzsysteme, optische Spurführung, Fahrspur- und Hinderniserkennung und Lebenszykluskostenanalysen. www.ivi.fraunhofer.de

Zeunerstraße 38
01069 Dresden
Tel. +49 351 4640-801
J Elke Sähn
Verantwortliche Redakteurin
Tel. +49 351 4640-612
elke.saehn@ivi.fraunhofer.de

Fraunhofer-Institut für Elektronenstrahl- und Plasmatechnik
Das FEP erschließt das Innovationspotenzial der Elektronenstrahl- und Plasmatechnik für Produktionsprozesse und den Anlagenbau.
www.fep.fraunhofer.de

Winterbergstraße 28
01277 Dresden
J Annett Arnold,
Presse und Öffentlichkeitsarbeit
Tel. +49 351 2586-452
annett.arnold@fep.fraunhofer.de

Fraunhofer-Institut für Keramische Technologien und Systeme
Das Institut forscht auf dem Feld der Hochleistungskeramik und arbeitet an der Entwicklung moderner keramischer Werkstoffe, industrierelevanter pulvertechnologischer Herstellungsverfahren und prototypischer Bauteile.
www.ikts.fraunhofer.de

Winterbergstraße 28
01277 Dresden
J Katrin Schwarz,
Presse und Öffentlichkeitsarbeit
Tel. +49 351 2553-7720
Katrin.Schwarz@ikts.fraunhofer.de

Fraunhofer-Institut für Photonische Mikrosysteme (IPMS)
Forschungsgebiet des IPMS sind elektronische, mechanische und optische Komponenten und ihre Integration in winzigste, »intelligente« Bauelemente und Systeme
www.ipms.fraunhofer.de

Maria-Reiche-Straße 2, 01109 Dresden
Tel. +49 351 88 23-0
J Ines Schedwill,
Presse und Öffentlichkeitsarbeit
Tel. +49 351 8823-238
ines.schedwill@ipms.fraunhofer.de

Fraunhofer-Institut für Zerstörungsfreie Prüfverfahren, Institutsteil Dresden (IZFP-D)
Das Fraunhofer IZFP-D befasst sich mit der Anwendung von Mikroelektronik und Nanotechnologie in der zerstörungsfreien Prüfung, bei der Charakterisierung von Werkstoffen, in der Kontrolle und Überwachung von Fertigungsprozessen und Anlagenkomponenten und in der Medizintechnik. In der Industrie werden die Arbeitsergebnisse überall dort eingesetzt, wo sicherheitstechnische Aussagen und Qualitätsnachweise gefordert sind.
www.izfp-d.fraunhofer.de

Maria-Reiche-Straße 2, 01109 Dresden
Tel. +49 351 88815-501
J Dr. Uwe Fiedler, PR Verantwortlicher
Tel. +49 351 88815-506
uwe.fiedler@izfp-d.fraunhofer.de

Helmholtz-Zentrum Dresden-Rossendorf (HZDR)
Das Zentrum betreibt Forschung zu den gesellschaftlich relevanten Themen Energie, Gesundheit und Struktur der Materie. Am 22.06.2011 stellten Forscher des HZDR mit 91,4 Tesla einen neuen Weltrekord für Magnetfelder auf. www.hzdr.de

Bautzner Landstraße 400, 01328 Dresden
Tel. +49 351 260-0
J Dr. Christine Bohnet,
Pressesprecherin des HZDR
Tel. +49 351 260-2450, presse@hzdr.de

Leibniz-Institut für Festkörper- und Werkstoffforschung (IFW Dresden)
Das Institut befasst sich mit folgenden fünf Forschungsgebieten: Supraleitung und Supraleiter, Magnetismus und Magnetwerkstoffe, Molekulare Nanostrukturen und molekulare Festkörper, Metastabile Legierungen, Verspannungsgetriebene Architekturen und Phänomene.
www.ifw-dresden.de

Helmholtzstraße 20, 01069 Dresden
Tel. +49 351 4659-0
J Dr. Carola Langer, Presse
Tel. +49 351 4659-234
c.langer@ifw-dresden.de

Leibniz-Institut für Polymerforschung Dresden e. V. (IPF)
Das Institut betreibt ganzheitliche Polymermaterialforschung – von der Synthese und Modifizierung polymerer Materialien, über die Charakterisierung, theoretische Durchdringung bis hin zur Verarbeitung und Prüfung. www.ipfdd.de

Hohe Straße 6, 01069 Dresden
Tel. +49 351 4658-0,
J Kerstin Wustrack, Öffentlichkeitsarbeit
Tel. +49 351 4658282
wustrack@ipfdd.de

Leibniz-Institut für ökologische Raumentwicklung
Die Forscher erarbeiten wissenschaftliche Grundlagen für eine dauerhaft umweltgerechte Entwicklung von Städten und Regionen im nationalen und internationalen Zusammenhang.
www.ioer.de

Max-Planck-Institut I DMG I ©Max-Planck-Institut für Physik komplexer Systeme

Weberplatz 1
01217 Dresden
Tel. +49 351 46790
J Katleen Trautmann,
Presse- und Öffentlichkeitsarbeit
Tel. +49 351 4679241,
K.Trautmann@ioer.de

Max-Planck-Institut für Physik komplexer Systeme

Das Institut vertritt die Physik komplexer Systeme von der klassischen Physik bis zur Quantenphysik in drei Schwerpunkten, geformt durch die Forschung der drei permanenten Abteilungen Quantenphysik, Endliche Systeme und Biologische Physik.
www.mpipks-dresden.mpg.de

Nöthnitzer Straße 38, 01187 Dresden
Tel. +49 351 871-0
J Uta Gneiße, Öffentlichkeitsarbeit
Tel. +49 351 871-2214
gneisse@pks.mpg.de

Max-Planck-Institut Chemischer Physik fester Stoffe

Schwerpunkt ist die Experimentelle Erforschung von intermetallischen Phasen und verwandten Systemen mit neuartigen chemischen und physikalischen Eigenschaften
www.cpfs.mpg.de

Nöthnitzer Straße 40, 01187 Dresden
J Dr. Liane Schröder,
Presse- und Öffentlichkeitsarbeit
Tel. +49 351 4646-3602
Liane.Schroeder@cpfs.mpg.de

Max-Planck-Institut für molekulare Zellbiologie und Genetik

Das Institut widmet sich in einer neuartigen Verbindung aus Entwicklungs- und Zellbiologie der allgemeinen Frage, wie sich Zellen auf ihrem Weg zu Geweben organisieren. An den Modellorganismen Fadenwurm, Fruchtfliege, Zebrafisch und Maus suchen derzeit 25 Arbeitsgruppen Erkenntnisse zu den grundlegenden Prozessen in der Zelle. Vielfach liefern die Ergebnisse dieser Grundlagenforschung auch Anhaltspunkte für die Diagnose und Behandlung von Krankheiten wie Diabetes, Krebs, Alzheimer oder der Degeneration der Netzhaut.
www.mpi-cbg.de

Pfotenhauerstraße 108, 01307 Dresden
Tel. +49 351 210-0
J Florian Frisch, Information Officer
Tel. +49 351 2102840, frisch@mpi-cbg.de

DFG-Forschungszentrum für Regenerative Therapien Dresden – Exzellenzcluster (CRTD)

Ziel des Forschungsinstituts ist es, das Selbstheilungspotenzial des Körpers zu erforschen und völlig neuartige, regenerative Therapien für hämatologisch-onkologische, neurodegenerative Erkrankungen, Diabetes, Knochenkrankheiten sowie kardiovaskuläre Erkrankungen zu entwickeln.
www.crt-dresden.de/de

Tatzberg 47/49, 01307 Dresden
J Birte Urban-Eicheler, PR Office
Tel. +49 351 463-40347
birte.urban-eicheler@crt-dresden.de

Institut für Holztechnologie Dresden gemeinnützige GmbH
Das weltweit tätige Forschungsinstitut unterstützt in industrienaher, anwendungsorientierter Forschungs- und Entwicklungstätigkeit die Holzwirtschaft und flankierende Bereiche bei ihren Innovationen.
www.ihdresden.de

Zellescher Weg 24, 01217 Dresden
Tel. +49 351 4662-0
J Annett Jopien, Information/Öffentlichkeitsarbeit, Tel. +49 351 4662-237
jopien@ihdresden.de
Weitere Informationen:
www.dresden.de/de/07/wissenschaft-uninnovation-in-dresden.php

Tourenvorschlag

Dresdner Labors an einem Nachmittag und Abend

14:00–15:15
Daniel Düsentrieb im Nanoformat
Der Gebäudekomplex im Unigelände ist groß, doch was drin hergestellt wird, bisweilen ganz klein. Hier wurde beispielsweise 2011 der kleinste von Menschenhand hergestellte Düsenantrieb der Welt entwickelt. Interessante neue Materialien dagegen sind bei der Besichtigung des Leibnitz-Instituts für Festkörper- und Werkstoffforschung Dresden (IFW), Helmholtzstraße 20 zu bestaunen. Mögliche thematische Schwerpunkte der Tour sind Magnetismus, Supraleitung, Transmissions-Elektronen-Mikroskopie, Neue Modifikationen des Kohlenstoffs, Festkörperanalytik und Kristallzucht. Und wer die Verbindung von Kunst und Wissenschaft sucht, wird hier nicht nur in den Foyers fündig. Weiterfahrt mit dem Bus oder Auto vom Universitätsgelände nach Dresden-Strehlen

15:45–16:45
Zur Sonne, zur Freiheit, zum Licht
Licht ist nicht nur da, um Dinge zu erhellen. Was kann man alles mit Laser machen: z. B. Laserschweißen, -schneiden, -beschichten, -härten, -reinigen. All dies ermöglicht eine neue Freiheit bei der Behandlung von Oberflächen. Diese und viele andere Techniken zur Behandlung von allen möglichen Materialien kann man bei einer Besichtigung des Fraunhofer-Instituts für Werkstoff- und Strahlentechnik (IWS), Winterbergstraße 28, kennen lernen. Weiterfahrt mit dem Bus oder Auto von Dresden-Strehlen entlang des Großen Gartens nach Dresden-Johannstadt

17:15–18:30
Kleine Fische und das ewige Leben. Bei der Besichtigung des Max Planck Instituts für Molekulare Zellbiologie (MPI-CBG), Pfotenhauerstraße 108, kann man vielleicht dem Axolotl begegnen, einer Amphibie, deren Körperteile immer wieder nachwachsen. In den Forschungsaquarien schwimmen kleine Fische, die in allen möglichen Farben gezüchtet worden sind.

18:30 Weiterfahrt in die Dresdner Neustadt

19:00 Abendessen im Elements & Deli
Die Elemente, die hier auf dem Gelände der »Zeitenströmung«,

einem ehemaligen Industriekomplex für Strömungsmaschinen entdeckt werden, sind zwar – wie alles auf der Welt – Chemie, doch ganz natürlich gewachsen. Ein bisschen moderne Physik ist auch dabei, denn der Smoker, ein neuartiges Grillsystem, schafft neue Geschmackserlebnisse.
www.restaurant-elements.de
Königsbrücker Straße 96,
01099 Dresden
Tel. +49 351 2721696

21:00 Zum Abschluss des Abends genießt man Molekulare Cocktails (Wodka zum Essen, Likör zum Lutschen) in der Neustadt-Bar Only One
www.onlyone-dresden.de
Alaunstraße 83, 01099 Dresden
J Tobias Driske &
Anja Finsterbusch
Tel. +49 351 88948166

Dresdner Erfindungen (Auswahl)

1708 erstes europäisches Hartporzellan, Johann Friedrich Böttger und Ehrenfried & Walther von Tschirnhaus
1820 künstliches Mineralwasser, Friedrich Adolf August Struve
1838 erste deutsche Dampflokomotive »Saxonia« und 1839 Eröffnung der ersten deutschen Fernstrecke Dresden–Leipzig, Johann Andreas Schubert
1839 erste Milchschokolade Schokoladenfabrik Jordan & Timaeus
1856 Eisengallustinte (giftfreie Tinte), August Leonhardi
1869 erste Singer-Nähmaschine, Bruno Naumann
1886 »Pfunds Condensirte Milch«, erste Kondensmilch in Deutschland, Paul Gustav Leander Pfund
1892 Mundwasser »Odol«, Karl August Lingner
1892 »saugfähiger Holzfilz-Bierglasuntersetzer« (Bierdeckel), Rudolf Sputh
1893 das »Blaue Wunder«, die erste freitragende Stahlfachwerkbrücke Europas
1899 »Frauenleibchen als Brustträger« (Büstenhalter), Christine Hardt
1901 erste Bergschwebebahn für Personentransport. Carl Eugen Langen
1906 Markenname »Sinalco« für Getränk ohne Alkohol, Friedrich Eduard Bilz
1907 Erste Zahnpasta in der Tube »Chlorodont«, Heinsius von Mayenburg
1908 Kaffeefilter, Melitta Bentz
1910 Kleinschreibmaschine »Erika«, Bruno Naumann
1929 erster industriell hergestellter »Teebeutel«
1929 Pumpspeicherwerk Cossebaude, erstes Wasserkraftwerk der Welt
1932 erste Kleinbildkamera für 24 x 36 mm-Bilder für perforierten Film »Contax«,
1936 erste einäugige Kleinbildspiegelreflexkamera der Welt, Karl Nüchterlein, Ihagee Kamerawerk
1956 elektronischer Rechenautomat D1 (Dresden1), N. Joachim Lehmann
1963 erster Tischrechner, weltweit der erste PC, N. Joachim Lehmann
1972 Sauerstoff-Mehrschritt-Therapie, Manfred von Ardenne
1996 Erster 3-D-Bildschirm TU Dresden unter Leitung von Dr. Armin Schwerdtner

Siehe auch www.dresden.de/erfindungen

Wirtschaftsstandort Dresden

- (F) Tipps für Fotografen und Filmteams
- (J) Journalistenkontakt
- (P) Pressebereich auf Website vorhanden
- (A) Hochauflösende Fotos zum Herunterladen auf Website vorhanden
- (W) Ausführlicher Wikipedia-Beitrag vorhanden (ohne Gewähr)

Gläserne Manufaktur | © DMG | Christoph Münch

Natürlich liegt Silicon Valley anderswo. Aber die sächsische Antwort, das »Silicon Saxony«, gilt mittlerweile als weltweit wichtigster Standort für die Entwicklung von Speicherchips. Dresden ist als wirtschaftlicher Leuchtturm der Region eine moderne Metropole, die tief in der Tradition verwurzelt ist, und dieses Neben- und Miteinander von Geschichte und Gegenwart prägt nicht zuletzt auch die vielen außergewöhnlichen Tagungsorte, deren gute Verkehrsanbindung und Infrastruktur gemeinsam mit der vielfältigen Hotellandschaft beste Voraussetzungen für Kongresse schaffen. Als weltoffene Stadt von Kunst und Wissenschaft voller architektonischer Sehenswürdigkeiten inmitten einer attraktiven Kulturlandschaft bietet Dresden seinen Gästen vielfältige Möglichkeiten der Freizeitgestaltung. Im Spannungsbogen zwischen Elbflorenz und Silicon Saxony hat die sächsische Landeshauptstadt ihr eigenständiges und unverwechselbares Profil gefunden.

Statistik

Zahl der Unternehmen

Gesamt	**47 986**	**100 %**
davon Handel	11 941	25 %
davon Handwerk	6 658	14 %
davon Industrie	697	1 %
dav. Sonstiges (Dienstl. u. a.)	28 690	60 %

Gewerbesteueraufkommen 2010 (brutto)
262,59 Mio. €

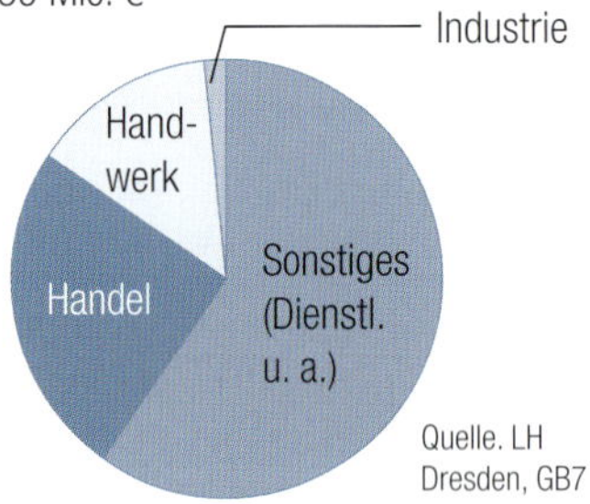

Quelle. LH Dresden, GB7

Kompetenzfelder in Dresden

Mikroelektronik/Informations- und Kommunikationstechnologie

Silicon Saxony e.V.
Branchenverband der
Mikroelektronik in Dresden
Tel. +49 351 8925888
www.silicon-saxony.de

ZMDI Zentrum Mikroelektronik Dresden AG
Wichtiger Halbleiterhersteller

Grenzstraße 28, 01109 Dresden
J Gabriele Taschler
Tel. +49 351 8822-668, press@zmdi.com

GLOBALFOUNDRIES Fab 1, Dresden
Internationaler Halbleiterhersteller (Foundry), modernster Fertigungsstandort in Europa, wird derzeit erheblich ausgebaut.
Schwerpunkt: Technologie- und Fertigungsprozesse, Forschung & Entwicklung
Wilschdorfer Landstraße 101
01109 Dresden
J Karin Raths, Tel. +49 351 277-1013
Karin.Raths@globalfoundries.com,
emea.press@globalfoundries.com

Infineon Technologies Dresden GmbH
Fertigungsstandort der Infineon Technologies AG, Herstellung von Logikchips, das Dresdner Werk ist das Kompetenzzentrum für Automobil- und Sicherheitsanwendungen
Königsbrücker Straße 180, 01099 Dresden
www.infineon.com/cms/de/corporate/press

SAP AG
Dresden ist die bundesdeutsche
Zentrale des weltweit tätigen
Softwarekonzerns SAP AG.

Postplatz 1, 01067 Dresden
Tel. +49 351 4811-0
J Christoph Liedtke, Head of Media Relations, Tel. + 49 6227 750383
christoph.liedtke@sap.com

T-Systems Multimedia Solutions GmbH
Hauptsitz der T-Systems Multimedia Solutions GmbH
Geschäftsfelder: Dienstleistungen im Bereich Beratung u. Projektmanagement, Planung und Implementation von Kommunikations-, E-Business- und Systemtechnologielösungen sowie Test und Betrieb eigener und fremder IT-Lösungen

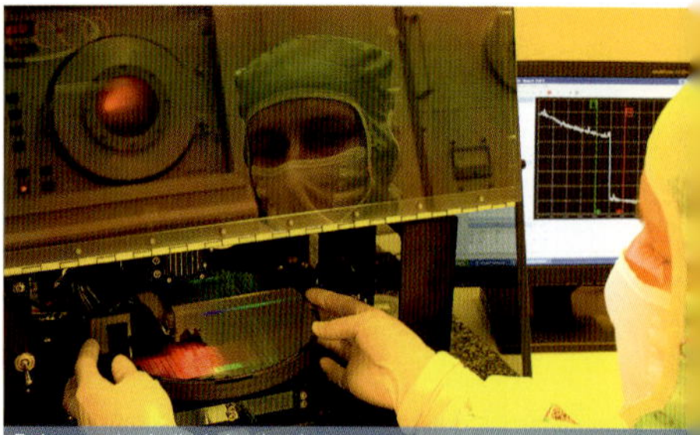

Reinraum im Leibniz Institut /
DMG / ©Landeshauptstadt Dresden / Jürgen Lösel

Riesaer Straße 5, 01129 Dresden
Tel. +49 351 2820-0
frage@t-systems-mms.com

Nanotechnologie/Neue Werkstoffe/ Photovoltaik

VON ARDENNE Anlagentechnik GmbH
Hersteller von Ausrüstungen für industrielle Vakuumprozesse der Plasma- und Elektronenstrahltechnik
Kernkompetenzen: Dünnschichttechnologien für Photovoltaik und Architekturglas, Elektronenstrahlanwendungen sowie Forschung und Entwicklung
presse@vonardenne.biz

Plattleite 19/29, 01324 Dresden
J Ines Eschler,
Presse- und Öffentlichkeitsarbeit
Tel. +49 351 2637-254 oder
Tel. +49 151 55150704
eschler.ines@vonardenne.biz

SOLARWATT AG
Hersteller von kristallinen Solarmodulen und Anbieter von Photovoltaik-Komplettpaketen und Energiemanagement-Systemen
Maria-Reiche-Straße 2a, 01109 Dresden
J Jana Wich-Glasen, PR/Öffentlichkeitsarbeit
Tel. +49 351 8895-219
jana.wich-glasen@solarwatt.de

QPoint Composite GmbH
Ausgründung des Leibniz-Instituts für Polymerforschung
Breitscheidstraße 78, 01237 Dresden
Tel. +49 351 6539429
info@qpoint-composite.de

hollomet GmbH
Die hollomet GmbH verfügt über eine langjährige Expertise in der Entwicklung und Produktion zellularer Werkstoffe. Sie besitzt eine eigene Entwicklungsabteilung und ist Mitglied in zahlreichen Forschungs- und Entwicklungsverbünden.

Grunaer Weg 26, 01277 Dresden
Tel. +49 351 2584-305
info@hollomet.com

Dreebit GmbH
junges deutsches High-Tech-Unternehmen für Entwicklung, Fabrikation, Vertrieb und Service von Vakuum-Komponenten und -Zubehör sowie für Anlagen der Mikro- und Nanotechnologie, basierend auf Elektronen- und Ionenstrahltechnik.

Zur Wetterwarte 50, Haus 301, 01109, Dresden
J Dr.-Ing. Frank Grossmann, CEO
Tel. +49 351 2127001-50
frank.grossmann@dreebit.com

SURAGUS GmbH
Das Unternehmen entwickelt, fertigt und vertreibt wirbelstrombasierte Prüftechnik für innovative Werkstoffe, insbesondere für die Charakterisierung von Dünnschichten und Kohlefaserverbundwerkstoffen.

Krügerstraße 22, 01326 Dresden
Tel.+49 351 32992056
info@suragus.de

AXO DRESDEN GmbH
Das Unternehmen ist Spin-Off aus dem Fraunhofer-Institut für Werkstoff- und Strahltechnik (IWS) Dresden. Das Produktspektrum umfasst sowohl röntgenoptische Einzelkomponenten und komplexe strahlformende Systeme auf der Grundlage von Nanometer-Einzel- und Multischichten als auch spezielle Einzelbeschichtungen entsprechend Kundenwunsch sowie Applikationen im Bereich der Röntgen-Diffraktometrie und Reflektometrie.

Winterbergstraße 28, 01277 Dresden
Tel. +49 351 833913249
contact@axo-dresden.de

Biotechnologie/Life Sciences

MENARINI von Heyden
Pharmazeutisches Unternehmen
http://www.menarini.com/manufacturing/menarini_von_heyden
Leipziger Straße 7–13, 01097 Dresden
Tel. +49 351 21077509

GlaxoSmithKline Biologicals
GlaxoSmithKline ist ein weltweit führendes, forschendes Gesundheitsunternehmen, das sich der Entwicklung innovativer Arzneimittel verschrieben hat.

Zirkusstraße 40, 01069 Dresden
Tel. + 49 351 45610
ssw.info@gskbio.com

APOGEPHA Arzneimittel GmbH
International tätiges Pharmaunternehmen mit Spezialisierung auf die Entwicklung und Herstellung urologischer Arzneimittel

Kyffhäuserstraße 27, 01309 Dresden
J Steffi Liebig, Bereichsleiterin Personal u. Öffentlichkeitsarbeit
Tel. +49 351 3363-497
sliebig@apogepha.de

Biotype Diagnostic GmbH
Innovatives und dynamisches Biotechnologieunternehmen, www.biotype.de
Moritzburger Weg 67, 01109 Dresden
Tel. +49 351 8838400
info@biotype.de

Contract Medical International, GmbH
Produktportfolio: Testsysteme für dermatologische und hämatologisch/onkologische Fragestellungen, Innenraumhygiene, Veterinärmedizin und Tierzucht

Zur Wetterwarte 50, Haus 302,
01109 Dresden, Tel. +49 351 2138888
info@contract-medical.com

Weitere wichtige Unternehmen außerhalb der Kompetenzfelder

Automobilmanufaktur Dresden GmbH
»Die Gläserne Manufaktur« von Volkswagen zeigt in einzigartiger Weise und spektakulärer Architektur, wie das Luxusmodell »Phaeton« montiert wird. Zulieferung erfolgt lärm- und umweltfreundlich per CargoTram (Straßenbahn). Das Foyer des Gebäudes wird für kulturelle Veranstaltungen und Events genutzt. Täglich gibt es auch für Besucher Führungen.
Lennéstraße 1, 01069 Dresden
J Christian F. Haacke, Pressestelle
Tel. +49 351 4204280
christian.haacke@volkswagen.de

Bombastus-Werke AG
Wilsdruffer Str. 170, 01705 Freital
Das Unternehmen produziert Naturheilmittel seit 1904 und bewirtschaftet vor den Toren Dresdens die größten Salbeifelder Deutschlands für mehrjährigen Salbei, welcher zur Blüte weithin duftet.
Tel. +49 351 658030
www.bombastus-werke.de

Deutsche Werkstätten Hellerau GmbH
1898 als Bau- und Möbeltischlerei gegründet, war das Unternehmen Keimzelle für die damals innovative Gartenstadt und Vorreiter im industriellen Möbelbau. Heute liegt der Schwerpunkt des Unternehmens auf dem hochwertigen individuellen Innenausbau für Kunden weltweit. www.dwh.de

Moritzburger Weg 68, 01109 Dresden
J Eva Schläfer,
Presse- und Öffentlichkeitsarbeit
Tel. +49 351 21590-311
e.schlaefer@dwh.de

Das historische Unternehmensgebäude der Deutschen Werkstätten, wegen der Form seines Grundrisses auch »Schraubzwinge« genannt, wird verwaltet durch die Grundbesitz Hellerau GmbH www.hellerau-gb.de.

Dr. Doerr Feinkost GmbH & Co. KG

Einer der wenigen noch existierenden mittelständischen Feinkosthersteller in Deutschland. Spezialisiert auf Salate, Brotaufstriche und Soßen.

Würzburger Straße 9, 01187 Dresden
Tel. +49 351 42301-20
drdoerr@dr-doerr.de

Elbe Flugzeugwerke GmbH

Im Bereich der Leichtbaukomponenten entwickelt und produziert das Tochterunternehmen von EADS als Herstellbetrieb für Luftfahrtgeräte (EASA Part 21G) faserverstärkte ebene Sandwich-Paneelen für Struktur und Innenraum aller Airbus-Modelle. Weitere Schwerpunkte sind Wartung und Umrüstung von Passagier-flugzeugen in Frachtflugzeuge. www.efw.eads.com

Grenzstraße 1, 01109 Dresden
J Christopher Profitlich,
Presse und Öffentlichkeitsarbeit
Tel. +49 351 8839-2516

Feldschlößchen Aktiengesellschaft

Die Großbrauerei im Stadtteil Coschütz produziert das traditionsreiche Dresdner Feldschlößchen Pilsner. Das Stammhaus der alten Produktionsstätte aus dem 19. Jahrhundert an der Budapester Straße ist heute Gaststätte, in der die Geschichte des Unternehmens erlebbar gemacht wird.

Cunnersdorfer Straße 25, 01189 Dresden
J Mike Gärtner, Presse
Tel. +49 351 4083304
gaertner@frankfurter-brauhaus.com

Li-iL GmbH

Die Li-iL-Werke wurden 1910 von dem Kaufmann Richard Carl Pittlik in Dresden gegründet. Ihm und seinen wissenschaftlichen Mitarbeitern war es gelungen, die medizinische Wirksamkeit von Heilkräuterextrakten in Badezusätzen und Einreibungen nachzuweisen. Die Körperpflegeprodukte, Arzneibäder und Arzneimittel auf pflanzlicher Wirkstoffbasis werden mittlerweile weltweit exportiert. www.li-il.com

Leipziger Straße 300, 01139 Dresden
Tel. +49 351 894120
J Agentur von schöning pr
Tel. +49 40 41622457
schoening@vspr.de

Linde-KCA-Dresden GmbH

Die Linde-KCA-Dresden GmbH, ein Tochterunternehmen der Linde Group, zählt mit ca. 500 Mitarbeitern bei Planung, Lieferung und Bau von Chemie-, Gas-, Biotechnologie- und Pharmazieanlagen zu den weltweit führenden Unternehmen.

Bodenbacher Straße 80, 01277 Dresden
Tel. +49 351 250-30
lkca.dresden@linde-kca.com

Prinovis Ltd. & Co. KG – Betrieb Dresden

Prinovis Ltd. wurde im Jahr 2005 als Zusammenschluss der Tiefdruckaktivitäten von arvato (Bertelsmann), Axel Springer und Gruner + Jahr gegründet und ist größter Tiefdruck-Konzern in Europa mit Standorten in Dresden, Ahrensburg, Itzehoe, Liverpool und Nürnberg.

Meinholdstraße 2, 01129 Dresden
J Alexander Adler,
Leiter Unternehmenskommunikation
Tel. +49 351 8545-0,
Tel. +49 40 570130–9150
alexander.adler@prinovis.com

Radeberger Brauerei | DMG | © PR Radeberger Pilsner

Radeberger Exportbierbrauerei
Seit 1872 wird vor den Toren Dresdens Bier gebraut – und Radeberger Pilsner zählt heute fest zu den Top Ten der deutschen Premiumbiere.
Jährlich erleben um die 30 000 Gäste eine informativ-unterhaltsame Führung durch die traditionsreiche und ebenso hochmoderne Radeberger Exportbierbrauerei.
www.radeberger.de

Dresdner Str. 2, 01454 Radeberg
J Jana Kreuziger, Presse
Tel. +49 3528 454208
j.kreuziger@radeberger-gruppe.de

TechniSat Digital GmbH Dresden
Seit 1990 dient der Standort Dresden als Forschungs- und Entwicklungszentrum von TechniSat. Und setzt internationale Maßstäbe auf den Gebieten der Satelliten- und Digitaltechnik sowie Digitalfernseher. Das Ingenieurteam entwickelt neben TechniSat-Markengeräten für den Endkunden auch kundenspezifische OEM-Konzepte für namhafte Auftraggeber in der Elektronik- und Automobilindustrie.
www.media.technisat.de

Gewerbepark Merbitz Nr. 5, 01156 Dresden

Manufakturen

Hochwertige Handarbeit ist eines der Kompetenzfelder Sachsens, insbesondere in Dresden und Umgebung. Diese hier ansässigen Unternehmen bieten interessante Themen, sei es aufgrund ihrer Firmengeschichte oder aber der Besonderheit der von ihnen hergestellten Produkte.
Hier eine Auswahl nach Branchen:

Auto

➔ Die Gläserne Manufaktur von Volkswagen (s. S. 80)
Melkus Kraftfahrzeuge (s. S. 86)

Lebensmittel

Dresdner Stollen®
Der Dresdner Stollen® ist seit fast 100 Jahren patent- und markenrechtlich geschützt. Seit 2010 besteht dieser Schutz, als »geschützte geografische Angabe« für die gesamte EU.
Er wird von 140 Bäckereien und Konditoreien im Großraum Dresden nur handwerklich gebacken. Die Interessen der Hersteller werden vom Schutzverband Dresdner Stollen e.V. vertreten, eine Übersicht aller Mitgliedsbetriebe gibt es im Internet unter www.dresdnerstollen.com. Dort sind weitere Informationen zu den Bäckereien/Konditoreien einschließlich des Angebotes von Führungen für Touristengruppen zu finden. Weitere Informationen über die Geschäftsstelle des Verbandes:
Ansprechpartner Wolfgang Hesse
Tel. +49 351 4715353

Augustus Rex® Erste Dresdner Spezialitätenbrennerei GmbH
Hochfeine Destillate und Liköre aus längst vergessenen Obstsorten – und das solcher Qualität, dass das Unternehmen bei jeder internationalen Prämierung unter den Ersten ist. Auch biozertifizierte Sorten.

www.Augustus-Rex.com
Klotzscher Hauptstraße 24, 01109 Dresden
Tel. +49 351 8808989
mail@Augustus-Rex.com

Sächsische Schokoladenmanufaktur
Marcus Schürer
Süßes vom Feinsten bietet der Pralinier vor den Toren Dresdens.
Pirnaer Straße 14, 01809 Heidenau
Tel. +49 3529 539915
post@schokoladenmanufaktur.net

Dresdner Kaffee und Kakao Rösterei
Den Kaffee vom »Röster des Jahres 2011« kann man online bestellen oder direkt in der Rösterei bzw. im Dresdner Hauptbahnhof erwerben. Des Weiteren werden Röstereiführungen sowie Kaffee- und Cappuccinoseminare angeboten.
www.dresden-kaffee.de

K+M Kaffee und Maschinen GmbH
Meschwitzstraße 5, 01099 Dresden
Tel. +49 351 6557888-0

Mrs. Brown – Coffee & Chocolate
An die Dresdner Süßwarentradition knüpft Susan Tutzschky auf dem Gelände der »Zeitenströmung« an.
www.mrsbrown.de

Königsbrücker Straße 96/
Wanderer-Gasse 6E, 01099 Dresden
Tel. +49 173 5754464

PHOENIX COFFEE ROASTERS
Saisonal frische Spitzenkaffees von privaten Farmen und Cooperativen
www.phoenix-coffeeroasters.com

Bautzner Straße 75, 01099 Dresden
Tel. +49 351 6568699

Porzellan

MEISSEN® Manufaktur – Staatliche Porzellanmanufaktur Meissen
Talstraße 9, 01662 Meißen
J Claudia Gulden, Tourismusmarketing
Tel. +49 3521 468239
Claudia.Gulden@meissen.com
Thomas Kleiber, A&C Media Community e.K.
Tel. +49 30 30106921
tk@mediacommunity-berlin.de

Dresdner Porzellan – Sächsische Porzellan Manufaktur Dresden GmbH
Carl-Thieme-Straße, 16
01705 Freital bei Dresden
J Gunter Seifert, Geschäftsführer
Tel. +49 351 647130
info@dresdner-porzellan.com

Sächs.Porzellan-Manufaktur Dresden: Deckelvase im Dresdner Zwinger | DMG | Sächsische Porzellan-Manufaktur Dresden GmbH | Foto: Michael Lange

Uhren

Manufaktur Glashütte Original
Altenberger Straße 1, 01768 Glashütte
J Ulrike Kranz, Public Relations
Tel. +49 35053 46238
ulrike.kranz@glashuette-original.com

Deutsches Uhrenmuseum Glashütte
Schillerstraße 3a, 01768 Glashütte
J Ulrike Kranz, Public Relations
Tel. +49 35053 46238
ulrike.kranz@uhrenmuseum-glashuette.com

Atrium, © Glashütte Original

Lange Uhren GmbH (A. Lange & Söhne)
Altenberger Straße 15, 01768 Glashütte
J Arnd Einhorn,
Direktor Presse- und Öffentlichkeitsarbeit
Tel. +49 35053 44-0
presse@lange-soehne.com

Bruno Söhnle Uhren Glashütte
Dresdner Straße 14, 01768 Glashütte
J Stephanie Söhnle, Marketing und Presse
Tel. +49 7044 94160
info@soehnle-uhren.de

UNION Uhrenfabrik GmbH Glashütte/Sa.
www.union-glashuette.com
Emil-Lange-Straße 3
01768 Glashütte/Sachsen
Geschäftsführer:
J Adrian Bosshard, Frank Kittel
Tel. +49 35053 46-300

Nomos Glashütte/SA
Roland Schwertner KG
www.nomos-glashuette.com
FerdinanAdolph-Lange-Platz 2
01768 Glashütte/Sachsen
J Ute Fischer-Graf, Pressesprecherin
Tel. +49 35053 4040
presse@glashuette.com

Sächsische Uhrentechnologie GmbH
Glashütte
www.sug-glashuette.de
Dresdner Straße 5, 01768 Glashütte
Tel. +49 35053 30203

Mühle Glashütte GmbH
www.muehle-glashuette.de/presse.html
Altenberger Straße 7
01768 Glashütte
Tel. +49 35053 42134
J PR-Agentur
Tel. +49 711 3653376
info@convensis.com

Sonstiges

Dresdner Puppenmanufaktur
Servologic GmbH
www.dresdner-puppenmanufaktur.de
Tiergartenstraße 79
01219 Dresden
Tel. +49 351 212371010

Federbetten-Manufaktur Dresden Inc.
www.fema-werksverkauf.de
Görlitzer Straße 42
01099 Dresden
Gesunder Schlaf seit 1898
Tel. +49 800 3737333

Manufaktur Deutschmann
Vitrinen, u.a. für Museen
www.manufaktur-deutschmann.de
Löbtauer Straße 67
01159 Dresden
Tel. +49 351 8212738

Wein

Gläserne Wein- und Sektmanufaktur im Erlebnisweingut Schloss Wackerbarth (s. S. 28)

Einkaufen

Beim Bummel durch die Dresdner Neustadt (Barockviertel und Äußere Neustadt) liegen die Shopping-Themen zwar nicht auf, doch an der Straße, denn hier finden sich zahlreiche inhabergeführte individuelle Geschäfte, von denen jedes einzelne eine Geschichte wert wäre. Hier eine kleine Auswahl:

Comic Tempel
Detlef Tempel betreibt das größte Manga-Geschäft Ostdeutschlands.
www.comic-tempel.de
Hoyerswerdaer Straße 29, 01099 Dresden
Tel. +49 3212 1149364,
+49 351 32938058

DRESDEN BUCH
Der Spezialist für Dresden-Literatur und Dresden-Filme (im Untergeschoss der QF Passage an der Frauenkirche), www.ddbuch.de
Neumarkt 1, 01067 Dresden
Tel. +49 351 4164171

Hutkunst Japee
Jacqueline Peevski gestaltet individuelle und extravagante Kopfbedeckungen.
www.hutkunst-japee.de
Bautzner Straße 6, 01099 Dresden
Tel. +49 351 8108200

Kunsthofpassage
Gleich eine Reihe besonderer Geschäfte findet man in der Kunsthofpassage, vom Schmuckgestalter über Papierkunst bis hin zum »Bambushaus«.
www.kunsthof-dresden.de

Louisen Kombi Naht
Unikat- und Upcyclingmode von jungen Modedesignerinnen mit dem Motto: Tu Du!
www.louisenkombinaht.de
Louisenstraße 72, 01099 Dresden
Tel. +49 351 40769993
info@louisenkombinaht.de

Pfunds Molkerei
Der anerkannt schönste Milchladen der Welt – ausgestattet mit kunstvoll bemalten Wandfliesen von Villeroy & Boch – verkauft auch Käse, Wein, Souvenirs.
www.pfunds.de
Bautzner Straße 79, 01099 Dresden
Tel. +49 351 808080, info@pfunds.de

Automobil in Dresden

Auch Sachsen hat wichtige Kapitel in der Automobilgeschichte geschrieben. Im Dresdner Verkehrsmuseum wird die Geschichte des Automobils eindrucksvoll gezeigt. Besondere Beachtung finden dabei die Industriestandorte Zittau, Dresden, Chemnitz, Zwickau, Eisenach und Suhl. So sind unter anderem zu sehen: das Phänomobil von 1924 aus dem traditionsreichen sächsischen Unternehmen »Phänomen« (später »Robur«) und der Prototyp des ersten Wanderer-Automobils von 1924, das nie in Serie ging. Der »Pilot 6/30« wurde in den 1920er-Jahren in sehr kleiner Stückzahl in Bannewitz bei Dresden hergestellt und mit einer Karosserie der Dresdner Firma Heinrich Gläser versehen.
www.verkehrsmuseum-dresden.de
www.dresden-industriekultur.com

Besondere Kraftfahrzeuge zeigt das Militärhistorische Museum der Bundeswehr. Hier werden auch die Wirkungen von Krieg und Gewalt auf alle Lebensbereiche eindrücklich aufgezeigt. Dazu gehört auch, wie das Auto als Fortbewegungsmittel für die Menschen schnell in den Dienst des Militärs gestellt wurde.
www.mhm-bundeswehr.de

Liebhaber historischer Automobile haben in Dresden seit rund einem Jahr eine Anlaufstelle: der »Dresdner Klassiker Handel« und »Exklusive Kollektion« (Lotus-Vertragshändler für Sachsen) in der »Zeitenströmung«, unmittelbar hinter dem Militärhistorischen Museum gelegen. Denkmalgeschützte Bauten aus dem 19. Jahrhundert, als das Gelände zur größten Kasernenstadt Deutschlands gehörte, und den 1950er-Jahren wurden liebevoll saniert und mit

Neubauten, Plätzen und Bäumen zu einer attraktiven Anlage gestaltet.
www.zeitenstroemung.de

Dresden ist auch (wieder) bedeutsamer Produktionsstandort von Autos. So produziert der Volkswagen-Konzern in der »Gläsernen Manufaktur« im Stadtzentrum direkt am Großen Garten das Luxusfahrzeug »Phaeton«. Kunden können dabei der Montage ihres individuell zusammengestellten Wagens zusehen. Auch Besucher der Stadt können das Werk mit seiner eindrucksvollen modernen Architektur im Rahmen von Führungen besichtigen.
www.glaeserne-manufaktur.de

Seit 1950 widmete sich die Familie Melkus in Dresden dem Motorsport. Nach der Wende entwickelte das Familienunternehmen einen Sportwagen, der seit seiner ersten Auslieferung 2009 bereits zur Legende geworden ist: Der MELKUS RS 2000 ist Nachfolgemodell des ersten und einzigen Rennsportwagens der ehemaligen DDR – des RS 1000. Nur 25 Fahrzeuge werden seitdem jährlich produziert.
www.melkus-sportwagen.de

Vor den Toren Dresdens, in Radebeul, werden weitere aktuelle Luxuslimousinen verkauft: Rolls Royce, Aston Martin, Ferrari, Maserati und andere.
www.astonmartin-dresden.de

Die gesamte Fahrzeuggeschichte der DDR bis hin zum letzten Trabant, auch liebevoll Trabi oder Rennpappe genannt, kann man dagegen im DDR-Museum »Zeitreise« nachverfolgen.
www.DDR-Museum-dresden.de

Auch wenn die Trabis aus dem allgemeinen Straßenbild verschwunden sind: In Dresden kann man damit sogar die Stadt erkunden. Zur »Trabisafari« können Besucher sich selbst an das Steuer mit seiner Schaltung am Armaturenbrett setzen. Im Vorderfahrzeug erklärt ein Gästeführer die Wegstrecke und die Sehenswürdigkeiten – modern übertragen in die Autoradios der Folgewagen. Zum Schluss gibt es für alle Teilnehmer einen »Trabiführerschein«.
www.trabi-safari.de

Melkus Sportwagen, RS2000 GTR | DMG | ©MELKUS Sportwagen GmbH | Melkus Pressebild

Internationales Congress Center Dresden | © DMG | Frank Exß

Kongressstandort Dresden

Dresden ist eine der führenden deutschen Kongressdestinationen und das aus mehreren Gründen:

- enge Vernetzung von Wissenschaft und Wirtschaft
- zentral gelegene und moderne Kongress- und Tagungsstätten (Stadt der kurzen Wege)
- attraktive und außergewöhnliche Veranstaltungsstätten
- qualitativ hochwertiges Hotelangebot

Die Landeshauptstadt würdigt alljährlich Professoren aus ganz Deutschland mit dem Dresden Congress Award für ihr Engagement, Kongresse bzw. Tagungen nach Dresden geholt zu haben.
Inhaltliches Profil der Kongresse in Dresden 2010:

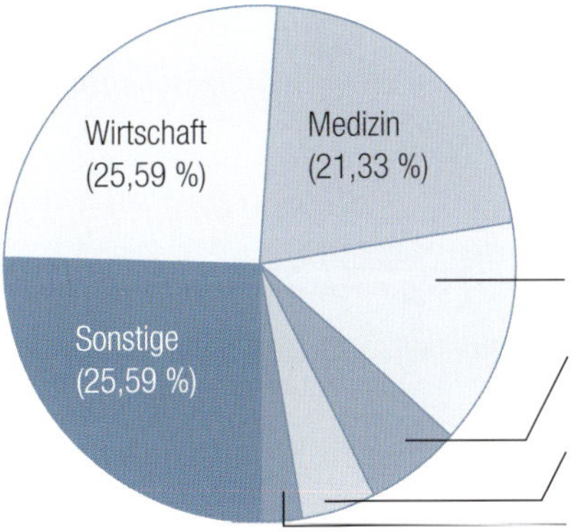

Dresden Meeting Guide
Der Dresden Meeting Guide 2011/2012 bildet Dresden als Destination für Tagungen und Kongresse detailliert ab. Vorgestellt werden zwölf Tagungsstätten, darunter das Internationale Congress Center Dresden (ICD) und die Messe Dresden, 35 Tagungshotels, 18 außergewöhnliche Veranstaltungsorte, 11 PCO's und Eventagenturen und weitere nützliche Adressen. Er ist online als PDF-Datei verfügbar unter:
www.mediaserver.dresden.de
Aktuelle Infos gibt es auch unter www.dresden-congress.de.

Kongressstatistik 2010:
137 Veranstaltungen mit 250–500 Personen
44 Veranstaltungen mit 500–1000 Personen
30 Veranstaltungen mit über 100 Personen

Erlebnis und Genuss

- (F) Tipps für Fotografen und Filmteams
- (J) Journalistenkontakt
- (P) Pressebereich auf Website vorhanden
- (A) Hochauflösende Fotos zum Herunterladen auf Website vorhanden
- (W) Ausführlicher Wikipedia-Beitrag vorhanden (ohne Gewähr)

Pillnitzer Schlossnacht | DMG | ©Staatliche Schlösser, Burgen und Gärten Sachsen | Oliver Killig

Dresden ist ein Fest für die Sinne. Schon August der Starke war für seine opulenten Feste bekannt, die Kunst und Genuss in prunkvollen Inszenierungen vereinten. Sein Wille zu barocker Prachtentfaltung ist in seinen Bauten und Parks ablesbar, seine Sammelleidenschaft bildete die Grundlage der heutigen Kunst- und Kulturstadt. Aus seinem Auftrag, Gold herzustellen, ging die Erfindung des europäischen Porzellans hervor, des weißen Goldes, das Kunst und Genuss auf wunderbare Weise verbindet. In der Schauwerkstatt der Meissener Manufaktur wird die Herstellung des Porzellans bis heute für Besucher erlebbar gemacht.
Meißen, nur wenige Kilometer elbabwärts von Dresden entfernt, ist zugleich ein Zentrum des sächsischen Weinbaus, der auf eine 850-jährige Tradition zurückblicken kann. Genießen kann man den sächsischen Wein in den zahlreichen Besenwirtschaften und Weinstuben des Anbaugebietes oder in einem der vielen Dresdner Restaurants, in denen auch Sterne-Köche am Herd stehen. Wer es etwas rustikaler mag, dem sei ein Radeberger in einem Biergarten empfohlen, ganz gleich, ob der in einem der romantischen Hinterhöfe mit südlichem Flair liegt oder am Neustädter Ufer der Elbe mit dem berühmten Canaletto-Blick auf die Altstadt, die sich Elb-Florenz nennt. Vielfältig wie die Dresdner Gastronomie ist auch das Angebot an Hotels, das von kleinen Pensionen in verträumten Fachwerkhäusern bis zum Grand Hotel am Theaterplatz reicht. Kunst genießen und die Kunst zu genießen sind Bestandteile des Genius Loci der Stadt, kein Wunder also, wenn auch die Shoppingtour zum Erlebnis wird, selbst den Käse kauft man bei Pfunds Molkerei im schönsten Milchladen der Welt. Die Freundlichkeit der Dresdner ist längst sprichwörtlich, und gefeiert wird in Dresden ohnehin das ganze Jahr, beim großen Bürger- und Kunstfest am malerischen Elbhang beim Stadtfest im Zentrum oder zum Stollenfest auf Deutschlands ältestem Weihnachtsmarkt.

Hotels, die Geschichten erzählen

Zu Beginn des Jahres 2011 gab es in Dresden 185 Beherbergungsbetriebe mit mehr als 9 Betten. Von den 19626 gezählten Betten waren 17 238 in den 112 Dresdner Hotels. Eine erstaunliche Steigerung. Denn 1991 zählte die Sächsische Landeshauptstadt nur 24 Beherbergungseinrichtungen, darunter 16 Hotels mit weniger als 5 000 Betten. Die meisten der Dresdner Hotels sind also neu, doch einige können dennoch auf eine große Tradition zurückgreifen und auch interessante Geschichten erzählen, die über die Persönlichkeiten, welche die Häuser führen oder in ihnen arbeiten, hinausgehen. Die folgende Auswahl der Dresdner Hotels berücksichtigt alle Einrichtungen mit solchen Besonderheiten, die zudem noch spezielle Angebote oder Raten für Pressevertreter bereithalten. Genannte Bedingungen, die daran geknüpft sind, wurden so von den Hotels selbst formuliert!

art'otel dresden

das »art'otel dresden« zeichnet sich aus durch seinen außergewöhnlichen architektonischen Stil und seine kunstinspirierte Innenausstattung. Gewidmet ist es dem international bekannten zeitgenössischen Künstler mit Dresdner Wurzeln A. R. Penck. 700 Gemälde, Siebdruckserien, Skizzen und Wandreliefs zieren die großzügige Eingangshalle sowie Flure, Tagungsräume und das Restaurant. Eine überlebensgroße männliche Bronzefigur bekrönt die Fassade. Die 174 Zimmer sind ebenfalls mit ausgesuchten Drucken ausgestattet. Das Hotel bildet mit der Kunsthalle, die in Zusammenarbeit mit der Galerie Michael Schultz in Berlin wechselnde Ausstellungen beherbergt, eine Fusion aus Unterkunft, Veranstaltungszentrum und Galerie.
www.artotels.com

Ostra-Allee 33, 01067 Dresden
Journalistenrate: ab 58,00 €
im Einzelzimmer inklusive Frühstück
und buchbar bezugnehmend
auf den Dresden Media Guide
J Peggy Mayer, Tel. +49 351 4922740
pmayer@pphe.com

British Hotel

1715–1717 wurde das großzügige Palais nach Entwürfen der Frauenkirchen-Erbauer George Bähr und George Haase als Stadtwohnsitz für Graf Wolfgang Dietrich von Beichlingen erbaut. Später diente das Gebäude als Hotel und Putzfedernfabrik, bis es im zweiten Weltkrieg fast komplett zerstört wurde. Hapimag, der Schweizer Wohnrechtsanbieter, baute das British Hotel mit originalgetreuer Fassade wieder auf; auch der gut erhaltene historische Gewölbekeller wurde in den Neubau integriert. Während Portraits von Luna, Zeus, Mars und Juno die Fassade schmücken, überzeugt das Gebäude innen mit modernem Schick.
www.hapimag.com/medien

Landhausstraße 6 , 01067 Dresden
J Susann Zimmer
Tel. +49 351 82129753
Journalistenrate: 99,00 €
im Apartment für Einzelnutzung pro Nacht, 145,00 € im Apartment für Doppelnutzung pro Nacht - nur nach entsprechender Verfügbarkeit und bei Erwähnung des Hapimag Resorts in der Berichterstattung
J Doris Zetzema,
Corporate Communications
NeuhofStraße 8, 6349 Baar (Schweiz)
Tel. +41 41 7678205
doris.zetzema@hapimag.com

Bülow Hotels

www.buelow-hotels.de
Hoteldirektor Ralf Kutzner
Tel. +49 351 80030
Journalistenrate: 50 % auf die aktuelle Tagesrate, je nach Anfrage und Verfügbarkeit
J Sebastian Thiel,
Medien- und Öffentlichkeitsarbeit
Tel. +49 351 3148890,
presse@buelow-hotels.de
Online-Pressebereich:
www.press-area.com/buelow
Login Bildarchiv:
Benutzer: presse/Passwort: ert678

Relais & Châteaux Hotel Bülow Palais

Das Dresdner Barockviertel begrüßt seine Gäste im ersten Grandhotel an der Königstraße. 2010 entstand das exklusive Fünf-Sterne-Hotel Bülow Palais für Genießer und Liebhaber eines individuellen Stils. Der Neubau, dessen Fassade sich an die umgebende Barockbebauung anpasst, ist hell, farbenfroh und elegant ausgestattet. Internationale Beachtung findet das Sterne-restaurant »Caroussel« mit seinem Chefkoch Dirk Schröer. Entspannung mit Aussicht erlaubt das Palais Day SPA über den Dächern der Stadt. Als einziges Stadthotel in Deutschland bietet das Hotel Bülow Palais das Stoffwechsel-Programm metabolic balance® an, welches Gewicht reguliert und Vitalität sowie Lebensfreude bringt.

Relais & Châteaux Hotel Bülow Palais
Königstraße 14, 01097 Dresden

Hotel Bülow Residenz

Das Vier-Sterne-Hotel Bülow Residenz liegt in unmittelbarer Nachbarschaft zur Königstraße und der Dreikönigskirche und entstand in einem der repräsentativen und ältesten Herrenhäuser Sachsens. Im Inneren entstanden 28 Zimmer und Suiten, der barocke Sandstein-Gewölbekeller sowie der helle, begrünte Innenhof. Die Räume sind mit zahlreichen Antiquitäten, Bildern, Dresdner Porzellan und hochwertigen Stoffen ausgestattet.

Hotel Bülow Residenz
Rähnitzgasse 19, 01097 Dresden

Hotel Bülow Palais / DMG / © Senator Hotelbetriebsgesellschaft mbH & Co. KG

DORMERO Hotel Königshof Dresden / DMG / © Starwood Hotels and Resorts

Hotel Königshof 4*DORMERO mit historischem Ballsaal

Der »Königshof« aus dem Jahr 1888 zählte schon damals zu den vornehmen Häusern Dresdens. Ein echtes architektonisches Kleinod ist der denkmalgeschützte Ballsaal im Stil der Neorenaissance, ebenso aus dem Jahre 1888. Das Hotel wurde nach dem Krieg in »Strehlener Hof« umbenannt und unter diesem Namen bis 1992 betrieben. Nach der Zerstörung der Dresdner Theater fanden deren Aufführungen im Ballsaal des Königshofes statt. Zeitweilig wurde hier auch eine Textilverkaufsstelle betrieben und der Saal auch vorübergehend zur

Schulspeisung genutzt. Nach vorherigem Aufmaß verfielen im Jahr 1995 alle Baulichkeiten bis auf einige Fassaden dem Abbruch. Wesentliche Teile der Ausstattung und Ausmalung wurden geborgen und zur Rekonstruktion des Saales wieder verwendet. Der Wiederaufbau begann 1997. Am 23. April 1998 wurde das Haus unter seinem ursprünglichen Namen als Hotel »Königshof« wieder eröffnet. Damals wie auch heute zählt sein Ballsaal ohne Zweifel zu den schönsten Ballsälen Dresdens.
www.dormero-hotel-dresden.de

Kreischaer Straße 2, 01219 Dresden
Journalistenrate: ab 50,00 €
im EZ inklusive Frühstück
auf Anfrage und nach Verfügbarkeit
J Lutz Mallwitz, Residence Manager
Tel. +49 351 87310
lutz.mallwitz@dormero.de

Hilton Dresden

Im Herzen der historischen Altstadt, direkt an der Frauenkirche, befindet sich das Hilton Dresden. Gäste genießen die kulinarische Vielfalt von zwölf hauseigenen Restaurants und Bars und entspannen nach einem ereignisreichen Tag im über 1 100 m² großen im Fitness- und Wellness-Bereich – mit Pools, Saunen und Fitnesscenter. Kinder sind herzlich willkommen und spezielle Menüs sowie Spielzeug für die Kleinen stehen jederzeit bereit. Zum Haus gehören das italienische Feinschmeckerrestaurant Rossini sowie auf der Brühlschen Terrasse das Secundogenitur-Palais (heute Café und Veranstaltungsräume). Veranstaltungsplaner finden in 14 renovierten Tagungs- und Veranstaltungsräumen für bis zu 700 Teilnehmer optimale Event-Bedingungen vor.
www.hilton.de/dresden

An der Frauenkirche 5, 01067 Dresden
Preis Journalistenrate: auf Anfrage
(PR-Abteilung des Hotels)
J Holm Krause, Marketing Manager + Pressesprecher
Tel. +49 351 8642133,
holm.krause@hilton.com

Hotel Elbflorenz Dresden****

Mediterrane Wohlfühlatmosphäre, toskanisches Flair, gastronomische Highlights und ein individueller Service bietet das größte Privathotel Sachsens, das in den Komplex des World Trade Centers integriert ist. Direkt neben dem Hotel liegt die ➔ »Comödie Dresden«. Das Hotel befindet sich in ruhiger Altstadtlage nur 10 Fußminuten entfernt von der historischen Innenstadt mit ihren berühmtesten Sehenswürdigkeiten.
www.hotel-elbflorenz.de

Rosenstraße 36, 01067 Dresden
Journalistenrate: 75,50 € (EZ), 90,00 € (DZ)
inkl. Schlemmerfrühstück vom Büffet.
Sauna ist kostenfrei, 15 % Rabatt
auf alle Speisen und Getränke.
Buchung auf Anfrage von So.–Do.
J Isabel Gähler, Assistant Sales Manager
Tel. +49 351 8640-280
marketing@hotel-elbflorenz.de

Hotel & Restaurant Klosterhof

Das rund tausendjährige Gebäude präsentiert sich als historisch–authentischer Ort sächsischer Gastlichkeit. Der Klosterhof Leubnitz geht auf ein altes Herrengut zurück, welches ursprünglich der Familie von Schönburg gehörte. Unter klösterlicher Herrschaft wurde der Leubnitzer Hof zum Klostergut umgewandelt und zu einer landwirtschaftlichen Großwirtschaft ausgebaut. Mittelpunkt des Leubnitzer Klosterhofes war das »Steinerne Haus« Altleubnitz Nr. 12, das bereits im Mittelalter mit Dachziegeln gedeckt war und Arbeits- sowie Verwaltungsräume des Hofmeisters beherbergte. Das frühere Hauptgebäude des

Klostergutes wurde 1572 in eine Schankwirtschaft umgewandelt, die noch bis nach dem Zweiten Weltkrieg bestand. Trotz Protesten der Denkmalpflege und vieler heimatverbundener Bürger wurde das »Steinerne Haus« 1972 wegen Baufälligkeit abgerissen. Erst 1994 konnte ein weitgehend originalgetreuer Wiederaufbau als Hotel und Restaurant an gleicher Stelle eröffnet werden.
Im Dezember 2007 eröffnete die Pächterfamilie Maiwald den Klosterhof nach sechsjähriger Schließzeit wieder. Heute betreibt das ehemalige Kloster von Altzella das Hotel Klosterhof mit allen modernen Vorzügen und das Restaurant Klosterschänke mit Biergarten, Klosterbar und Räumen für Konferenzen und Feiern.
www.dresden-klosterhof.de

Altleubnitz 12, 01219 Dresden
Journalistenrate: ab 50,00 €
Bedingungen: EZ inkl. Frühstück, rechtzeitige Buchung, Upgrade mit Sonderkonditionen
J Gerd Thorsten Maiwald
Tel. +49 351 32016500

Hotel-Restaurant Villa Sorgenfrei

Im Villenvorort Radebeul lädt ein schlossartiges historisches Weingut in einer Parkanlage unterhalb der Weinberge Gäste ein. Das Herrenhaus bildet die Krone des zwischen 1786 und 1789 einheitlich angelegten Ensembles, das von Bauhistorikern dem »Übergang vom gemäßigten Rokoko zum Zopfstil« zugeordnet wird und liebevoll und detailreich restauriert worden ist. Persönliches Flair mit 14 Doppelzimmern und einer Hotelsuite. Küchenchef Kalkbrenner bietet eine »Feinschmecker-Küche«, welche nur frische Produkte verwendet. Er hat diverse hochkarätige Häuser »bekocht« und führt eine strategische Allianz mit führenden Sterneköchen auf Sylt (Johannes King, Holger Bodendorf).
www.hotel-villa-sorgenfrei.de

Augustusweg 48, 01445 Radebeul
Journalistenrate: auf Anfrage, mit dem Nachweis einer Bestellung, über das Haus zu schreiben. Belegexemplare sind obligatorisch. Je nach Format ist die Übernachtung kostenlos und lediglich der Verzehr (inkl. Getränke) ist zu zahlen.
J Björn Zierow,
Geschäftsführender Gesellschafter
Tel. +49 351 7956660
info@hotel-villa-sorgenfrei.de

Hotel Taschenbergpalais Kempinski Dresden

Barocke Pracht und modernes Design imposant miteinander vereint: Vor über 300 Jahren von August dem Starken als Liebesgabe für seine Mätresse Gräfin Cosel erbaut und 1995 originalgetreu wiedererrichet, beeindruckt das Taschenbergpalais mit prachtvollem Ambiente und stilvoller Eleganz. Lage im Herzen Dresdens mit dem Blick auf die berühmten Sehenswürdigkeiten. Großzügige Zimmer und fürstliche Suiten im klassisch-modernen Stil. Kulinarik in vier verschiedenen Restaurants und Bars. Servicekultur eines luxuriösen Grand Hotels. Im Winter zieht alljährlich Deutschlands wohl schönste Eisbahn

Taschenbergpalais | ©DMG | Frank Exß

in den barocken Innenhof ein.
www.kempinski.com/dresden

Taschenberg 3, 01067 Dresden
Journalistenrate: ab 109,00 € im EZ/DZ, Bedingungen: Publikation über Hotel oder Region Sachsen (Print/Online), Publikation in Reiseportal /Hotelführer/Buch (Print oder Online) oder Journalist schreibend für die Reisebranche
J Stephan Becker,
Director of Sales & Marketing
Tel. +49 351 4912414
stephan.becker@kempinski.com

INNSIDE Dresden
Das INNSIDE Dresden liegt im Herzen der historischen Altstadt, nur wenige Schritte von Frauenkirche, Semperoper und Elbe entfernt. Exklusive Wohnkultur, modernes Design und alle Sinne ansprechende Services garantieren einen entspannten Aufenthalt. Das avantgardistische Design reflektiert sich auch im Restaurant »Ven« und schafft eine erfrischende Atmosphäre, in der die Gäste köstliche und meisterhaft präsentierte Speisen genießen können. Von der Cocktailbar »Twist« auf der 6. Etage bieten sich spektakuläre Aussichten auf die steinerne Kuppel der Frauenkirche.
www.innside.com

Hotel INNSIDE Dresden | ©DMG

Salzgasse 4, 01067 Dresden
Journalistenrate: 80,00 € pro Zimmer/Nacht inkl. Frühstücksbuffet in Einzel- oder Doppelbelegung. Diese Rate gilt auf Anfrage und nach Verfügbarkeit.
J Marco Bensen, General Manager
Tel. +49 351 79515-1000
Mobil +49 176 17666512
marco.bensen@melia.com

MARITIM Hotel & Internationales Congress Center Dresden
Da es der Dresdner Industrie an Lagerkapazitäten für Tabak, Wolle, Gewürze und Stoffe fehlte, wurde der Stadtbaurat Hans Erlwein 1913/14 damit beauftragt, ein Speichergebäude zu errichten. Es war einer der ersten Eisenbeton-Skelettbauten und auch der letzte des Baumeisters vor seinem Tod. Ca. 50 Gebäude entstanden unter seiner Leitung, die das neuzeitliche Bild Dresdens wesentlich mitprägen. Seit 1985 wurde der Speicher nicht mehr genutzt, lag brach und war seinem Verfall ausgesetzt. 2004 begann die MARITIM Hotelgesellschaft mbH mit dem Umbauarbeiten und eröffnete im Mai 2006 das attraktive und architektonisch einmalige Haus mit 328 elegant eingerichteten Zimmern.
www.maritim.de

Ostra-Ufer 2 / Devrientstraße 10–12
01067 Dresden,
Journalistenrate: ab 84,00 €
im Einzelzimmer inkl. Frühstück
auf Anfrage und nach Verfügbarkeit sowie unter Vorlage des Journalistenausweises
J Steffen Breier, Verkaufsdirektor
Tel. +49 351 2161002
sbreier.dre@maritim.de

NH Dresden Altmarkt
An dem Platz, wo das 4-Sterne-Superior-Hotel im August 2010 eröffnet wurde, stand früher das Kaufhaus Renner, das erste Kaufhaus in Dresden mit einer Rolltreppe. Nach der Bombardierung Dresdens 1945

Maritim Hotel, Lobby / DMG / ©Maritim Hotelgesellschaft mbH

war dieser Platz unmittelbar am Altmarkt und direkt gegenüber der Kreuzkirche jahrelang unbebaut und wurde in jüngerer Vergangenheit als Parkplatz genutzt. An dieser Stelle steht nun das neue NH Dresden Altmarkt und schließt auf der Südseite den Platz nach historischem Vorbild.

An der Kreuzkirche 2, 01067 Dresden
Journalistenrate 60,00 €
inkl. Frühstück pro Zimmer/Nacht
J Jurek Schwarz, Direktor
Tel. +49 351 50155600,
j.schwarz@nh-hotels.com

Pullman Dresden Newa

Keines der vielen Hotels der sächsischen Landeshauptstadt hat mehr Gäste beherbergt als das Pullman Dresden Newa in Dresdens moderner Mitte : 3 Millionen Übernachtungen insgesamt sind es bis zum Frühsommer 2012. Dabei ist das mit 50 Metern höchste Dresdner Hotel trotz seiner 40 Jahre absolut stylish, frisch und kein bisschen verstaubt. Hochwasser-Fluten erzwangen einen Komplett-Umbau, und im Jahr 2003 wandelte sich der triste Plattenbau von einst in ein Designerhotel mit eleganter Lobby, ganz ungewöhnlichen Panoramafenstern und gläsernen Komfortduschen mitten in den Zimmern. Und einer ist von Anbeginn dabei: Dieter Dornig – einst Kochlehrling, heute Küchenchef.
www.pullman-dresden-newa.com

Prager Straße 2c, 01069 Dresden
Journalistenrate: ab 69,00 €
im Classic-Einzelzimmer zuzüglich Frühstück
J Reinhard Herrmann
Tel. +49 351 4814-108
h1577-am@accor.com

QF HOTEL

Chopin und Dostojewski haben hier logiert und auch heute beherbergt das QF HOTEL wieder prominente Persönlichkeiten aus Politik, Wissenschaft, Kunst und Kultur. Schon im 18. Jahrhundert waren das Gebäude des 1804 eröffnete »Hotel Stadt Berlin« mit seiner elegant geschwungenen Ecke und das daran anschließende barocke »Weigelsche Haus« die dominierenden Bauten an der Nordseite des Neumarktes. Auch die vielen kleinen exquisiten Geschäfte und die zahllosen kleinen Gaststätten und Schankwirtschaften, wie sie nun wieder Einzug gehalten haben, prägten schon damals das Quartier. 1945 wurde die wechselvolle Geschichte, die seit 1683 recht detailliert dokumentiert ist, unterbrochen. Beim Wiederaufbau, der kurz nach der Weihe der Frauenkirche abgeschlossen war, wurden 14 Einzelgebäude architektonisch zu einer baulichen Einheit zusammengefasst. Wohnungen, Büroflächen und eine Ladenpassage sind entstanden. Seit 2007 lässt hier das QF Hotel mit 95 Gästezimmern und Suiten, designt vom italienischen Stararchitekten Lorenzo Bellini, der Bellini's Bar im Erdgeschoss eine jahrhundertealte Hoteltradition aufleben und schlägt mit zeitgemäßem

Design und aktueller technischer Ausstattung eine Brücke in die Moderne.

Quartier an der Frauenkirche
Neumarkt 1, 01067 Dresden
www.qf-hotel.de
Journalistenrate: ab 80,00 € im Einzelzimmer inkl. Frühstück auf Anfrage und nach Verfügbarkeit sowie unter Vorlage des Journalistenausweises
J Silke Nürnberger,
Leiterin Reservierung & Vertrieb
Tel. +49 351 563309-910
s.nuernberger@qf-hotel.de

Quartier an der Frauenkirche / ©DMG / Christoph Münch

Quality Hotel Plaza Dresden

Schmuckstück des 1996 errichteten Hotels ist der darin integrierte historische Ballsaal. Er geht auf den Braumeister Samuel Gottlieb Naumann zurück, der 1881 die »National Brauerei S.G. Naumann & Söhne« gründete und zehn Jahre später den »Lindengarten« als Brauereiausschank eröffnete. Nach dem zweiten Weltkrieg diente der »Lindengarten« bis 1961 als Ersatzspielstätte für die ausgebombten Dresdner Theater. Während der letzten Jahre vor der Wende verfiel das Gelände.
www.qualityhotelplazadresden.de

Königsbrücker Straße 121a, 01099 Dresden
Journalistenrate: 65,00 € im EZ und 78,00 € im DZ. Frühstück, W-LAN und Außenparkplatz sind darin enthalten.
J Frank Schwabe, Geschäftsführer
Tel. +49 351 8063-700,
schwabe@qualityhotelplazadresden.de

Radisson Blu Gewandhaus Hotel, Dresden

Das Gebäude wurde ursprünglich als Handelshaus der Tuchhändler und Gewandschneider errichtet (1768–1770). Es vereint Rokoko und Klassizismus. In der zweiten Etage befand sich einer der größten Säle Dresdens, in dem die Hofkapelle einen Großteil ihrer »musikalischen Akademien« abhielt. 1945 brannte es bei den schweren Bombenangriffen komplett aus. 1964–76 begann man den Wiederaufbau als Hotel unter Wahrung der äußeren historischen Bauform. Hinzu kamen ein innerer Schmuckhof und der originale barocke Brunnen aus dem kriegszerstörten Haus des Hofjuweliers Johann Melchior Dinglinger an der Westfassade des Hauses. 1992 wurde das Gewandhaus privatisiert und umgebaut. Seit 1997 betreibt die Rezidor Hotel Group das Boutiquehotel, mit 97 großzügigen Zimmern im Biedermeierstil, einem wunderschönen, lichtdurchfluteten Atrium mit dem Restaurant »Weber´s im Gewandhaus«, einer Bar sowie fünf individuell gestalteten Veranstaltungsräumen.
www.radissonblu.com

Ringstraße 1, 01067 Dresden
Journalistenrate: ab 80,00 €
pro Nacht inklusive Frühstück
auf Anfrage und nach Verfügbarkeit.
J Florian Leisentritt,
Director of Sales & Marketing
Tel. +49 351 49493610
Mobil +49 172 4127735
florian.leisentritt@radissonblu.com

Ringhotel Residenz Alt Dresden

Dass eigentümergeführte Unternehmen war der erste große Hotelneubau Dresdens nach der Wende und vereinigt Hotel- und Appartementvermietung in einer Betreiber-

Ringhotel Residenz Alt Dresden / DMG / © Ringhotel Residenz Alt Dresden / Pfisterer

gesellschaft. Der Direktor Marc Arendt ist Präsident der Ringhotels Deutschland, der größten deutsche Kooperation von Privatunternehmen. Im Hotel sind über 100 Originalaquarelle mit Burgen und Schlössern aus ganz Deutschland – gemalt vom Vater des Geschäftsführers Marc Arendt – ausgestellt. Zahlreiche Auszeichnungen, u. a. »Holidaycheck TopHotel 2011« als eines der beliebtesten 330 Hotels weltweit.
www.residenz-alt-dresden.de

Mobschatzer Straße 29, 01157 Dresden
Journalistenrate: 50 % der Rack Rate, buchbar auf Anfrage und gegen Vorlage eines Presseausweises
J Marc Arendt, Geschäftsführer
Tel. +49 351 4281-0
Tel. +49 351 4281-951
marc.arendt@residenz-alt-dresden.de
Anke Bär, Verkaufsleiterin
Tel. +49 351 4281-950
verkauf@residenz-alt-dresden.de

Hotel Schloss Eckberg

Das im neogotischen Stil erbaute Schloss Eckberg ist das östlichste der insgesamt drei Schlösser am Elbhang oberhalb der Stadt. Bauherr war der Großkaufmann und Mäzen Johann Souchay, der Schloss Eckberg von 1859 bis 1861 vom Dresdner Architekten Christian Friedrich Arnold, einem der prominentesten Schüler Gottfried Sempers, im englischen Tudorstil bauen ließ. Nach wechselvoller Geschichte, u. a. lebte auch einmal die berühmte Schauspielerin Grethe Weiser um die 20er Jahre des letzten Jahrhunderts hier, wurde das Schloss 1984/1985 in ein Jugend-Tourist-Hotel umgebaut. 1996/1997 wurde das Schloss-Hotel durch einen privaten Investor saniert und renoviert.
www.schloss-eckberg.de

Bautzner Straße 134, 01099 Dresden
Journalistenrate: 50 % Nachlass auf die Hotelzimmer-Preise. D.h.: Schloss: 76.00 € (EZ), 99.00 € (DZ), »Kavalierhaus« im Park: 44.00 € (EZ), 63.00 € (DZ), jeweils inkl. reichhaltigem Frühstücks-Buffet
J Ursula Herrmann, Hotel-Direktorin
Tel. +49 351 8099-160
u.herrmann@schloss-eckberg.de

Schloss Hotel Dresden-Pillnitz

»Stilvoll wohnen und tagen« ist das Motto für den Aufenthalt direkt in der barocken Schlossanlage. Komfortable Hotellerie und gepflegte Gastronomie verbinden sich so mit Kultur und lieblicher Landschaft zu erholsamen Tagen und einer Fülle von Erlebnissen.
www.schlosshotel-pillnitz.de

August-Böckstiegel-Straße 10
01326 Dresden
Journalistenrate: 70,00 € (EZ), 90,00 € (DZ) inkl. Frühstück vom Büffet. Parkplatz und Internet (DSL) sind kostenfrei. Buchung auf Anfrage von So. bis Do.
J Veit Zepp, Direktor
Tel. +49 351 2614303
info@schlosshotel-pillnitz.de

Steigenberger Hôtel de Saxe

Das »Hôtel de Saxe«, direkt am historischen Neumarkt gelegen, wurde bereits 1751 im für Dresden typischen Rokokostil erbaut und bis 1835 durch den Hotelier Johann Heinrich Gerstenkamp erweitert. Bereits 1807 trat hier Carl Maria von Weber als

Steigenberger Hotel de Saxe / ©DMG / Christoph Münch

Konzertpianist auf. Später wurde ein großer Konzert- und Ballsaal eingerichtet. Clara und Robert Schumann sowie Franz Liszt brachten hier Werke zur (Ur-) Aufführung. Warum das Hotel 1888 abgebrochen wurde, ist bis zum heutigen Tag nicht bekannt. Das an seiner Stelle 1888 errichtete gründerzeitliche Postgebäude wurde am 13. Februar 1945 während des Luftangriffs auf Dresden zerstört. Seit April 2006 empfängt das Steigenberger Hotel de Saxe seine Gäste aus aller Welt. Hinter der klassischen Fassade des Vier-Sterne-Superior-Hauses mit Blick Richtung Frauenkirche warten 178 Zimmer und 7 Suiten. Kulinarische Köstlichkeiten werden im Restaurant »de Saxe« serviert, im Sommer auch auf dem Balkon und der Terrasse. Nach einem stressigen Tag lässt es sich im Fitness- und Wellnessbereich mit zwei Saunen, Dampfbad sowie Solarium gepflegt relaxen.
www.desaxe-dresden.steigenberger.de

Neumarkt 9, 01067 Dresden
Journalistenrate: 50 % Nachlass auf den tagesaktuellen Bestpreis (auf Anfrage und nach Verfügbarkeit). Ab 67,50 € pro Zimmer und Nacht zzgl. Frühstück à 21,00 € pro Person und Tag. Presseausweis muss bei Anreise vorgelegt werden.
J Melanie Prutsch,
Manager of Revenue and Reservations
Tel. +49 351 4386-850
melanie.prutsch@
desaxe-dresden.steigenberger.de

Suitess Hotel

Das Luxushotel »Suitess« Fünf Sterne Superior liegt direkt an der Dresdner Frauenkirche. Hinter barocken Fassaden, in mühevoller Kleinarbeit und nach historischem Vorbild rekonstruiert, erwarten die Gäste mitten im Herzen der Altstadt Dresdens komfortable Einzel- und Doppelzimmer, elegante Suiten und ein exklusiver Wellnessbereich.
www.suitess-hotel.com
www.slh.com/suitess

An der Frauenkirche 13, 01067 Dresden
Journalistenrate: 10 % Vergünstigung auf den gebuchten Logispreis. Die Vergünstigung tritt nur in Kraft, wenn eine erkennbare sowie gute Erwähnung des Hauses durch den jeweiligen Pressevertreter erfolgt.
J Cathleen Moosche,
Sales & Marketing Assistant
Tel. + 49 351 41727-151
sales@suitess.de

Swissôtel Dresden

Tür an Tür zum Residenzschloss Dresden befindet sich das Swissôtel Dresden (ab 04/2012) im Stile einer Straßenfront mit barocken Bürgerhäusern. Hinter dem historischen äußeren Gewand mit facettenreichen Fassaden liegen die unterschiedlich gestalteten Zimmer und öffentlichen Räume, bei denen historisches Material und Formenzitate unterschiedlichster Epochen sich mit zeitloser Eleganz vereinen. Eine einmalige Panoramaaussicht auf die umliegenden Kirchen, Museen, Palastgebäude bieten nicht nur eine Vielzahl

The Westin Bellevue Dresden | ©DMG

der Zimmer und Suiten, sondern auch die Dachterrasse, die für Empfänge und Events genutzt werden kann. Mit Schweizer Spezialitäten im modernen und frischen Ambiente überrascht das Restaurant »Wohnstube«. Eine faszinierende Kombination aus mittelalterlicher Bauweise und moderner Einrichtung bildet das Pürovel Spa & Sport mit dem gewölbten Steinkeller aus dem 15. Jahrhundert.
www.swissotel.com/dresden

Schloßstraße 32, 01067 Dresden
Journalistenrate: 50 % auf die aktuelle Tagesrate unter Vorlage des Presseausweises, Rate verfügbar auf Anfrage und nach Verfügbarkeit
J Corinne Miseer,
Director of Revenue & Marketing
Tel. +49 351 21296708
corinne.miseer@swissotel.com

The Westin Bellevue Dresden
Im Jahr 1732 vollendete George Bähr, der Baumeister der Frauenkirche, zusammen mit Matthäus Daniel Pöppelmann das Anwesen als geschlossene Doppelhofanlage. Für die nächsten Jahrzehnte zogen Kanzleien und Büros des königlichen Hofes ein. Die Bombenangriffe 1945 überlebte das Gebäude als einziges Haus der Großen Meißner Straße und bot nach dem 2. Weltkrieg verschiedenen Einrichtungen der Wirtschaft und Verwaltung Obdach. Mit der Zeit verfiel das ehemalige Schmuckstück immer mehr, sodass die Regierung im Jahre 1981 beschloss, das Gebäude abreißen zu lassen. Eine Bürgerinitiative konnte den Abriss im letzten Moment verhindern, und der Startschuss für die Nutzung als Hotel war nun gefallen. 1985 eröffnete es als erstes 5-Sterne-Hotel Dresdens und öffnete damit die Stadt für den gehobenen internationalen Tourismus. Seit 2000 gehört es zur Kette The Westin.
www.westinbellevuedresden.com

Große Meißner Straße 15, 01097 Dresden
Journalistenrate: ab 99,00 € exkl. Frühstück
J Michael Spamer, Hoteldirektor,
Tel. +49 351 8051700

Dresdner Ferienwohnungen sind ebenso individuell wie vielfältig

»Im Urlaub zu Hause« ist für manche Reisende das Motto. Sie suchen am Reiseziel kein Hotel mit Gewimmel in der Lobby und Gedränge am Frühstücksbuffet. Die Ferienwohnung oder die kleine Pension ist für sie das Richtige. Dresden kann da ein wahres Füllhorn ausbreiten, wie diese Auswahl von sieben Angeboten mit Besonderheiten zeigt. So kann man beispielsweise mitten im Schlosspark Pillnitz Urlaub machen. Entlang der Elbe kann man einige Villen mieten, in der Dresdner Neustadt in großen Etagenwohnungen oder lauschiger Hinterhofromantik logieren. Viele Ferienwohnungen sind über die Dresden Tourismus GmbH buchbar:
www.dresden.de/tourismus

Einen weiteren Überblick über Hunderte von Ferienwohnungen mit Buchungsmöglichkeiten in Dresden und dem nahen Umland gibt es hier:
www.ferienwohnungdresden.net
www.ferienwohnungen-indresden.de
www.booking.com

Besondere Gastronomie

Die Dresdner Küche zu beschreiben ist schwer. Da Dresden im Schnittpunkt der mitteleuropäischen Kulturen liegt, ist auch der kulinarische Einfluss vieler Länder zu spüren. Während seit der Barockzeit französische Küche am Dresdner Hof und später in den mondänen Hotels vorherrschte, führten die engen Kontakte zu Polen und die geografische Nähe zu Böhmen zu einer noch immer herrschenden Vorliebe für Deftiges, während schon seit Jahrhunderten italienische Weine – neben den einheimischen – geschätzt wurden. Aus der bäuerlich-bürgerlichen Küche Dresdens ist vor allem die Liebe zu Süßspeisen zu nennen, die im Dresdner Christstollen, der Dresdner Eierschecke und den sächsischen Quarkkeulchen ihre typischsten Vertreter gefunden hat.
Bei den deftigen Gerichten sind der Dresdner Sauerbraten und die Sächsische Kartoffelsuppe die bekanntesten lokalen Spezialitäten. Die umfangreichste Übersicht über Restaurants und Lokale in Dresden bietet das Gastromagazin »Augusto«, das jährlich im Frühjahr erscheint und im Zeitschriftenhandel erhältlich ist.
www.dresdnerstollen.com
http://bit.ly/dmg-stollenrezept
http://bit.ly/dmg-eierschecke
http://bit.ly/dmg-quarkkeulchen
http://bit.ly/dmg-sauerbraten

Gourmetrestaurants

Im Restaurant **bean & beluga** im Dresdner Stadtteil Weißer Hirsch vereint Sternekoch Stefan Hermann Restaurant, Tagesbar, Feinkostladen und Kochschule. Die Einrichtung ist reduziert und doch warm. Hochwertige und bewusst eingesetzte Details lassen Raum für das Wesentliche – den Geschmack. Feinschmecker lieben Kreationen wie »Gebratener Nagelrochen mit Kapern und confierten Zitronen auf Petersilien-Risotto« oder »Lauwarm geräucherter Saibling mit seinem Kaviar, geschmortem Kopfsalat und Austern«.
www.bean-anbeluga.de
Tel. +49 351 44008800

Das **Restaurant Caroussel** befindet sich im Dresdner Barockviertel, im 5-Sterne-Hotel Bülow Palais. Freundlich und warm wirken die zarten Goldnoten der Ausstattung, die sich mit sanften Grüntönen abwechseln. Spitzenkoch Dirk Schröer, ausgezeichnet mit einem Stern Michelin, 18 Punkten im Gault Millaut und 3,5F im Feinschmecker, bietet eine zeitgemäße leichte und frische Küche auf höchstem Niveau an.
www.buelow-hotels.de, Tel. +49 351 80030

Das **Café Restaurant Alte Meister** lädt in den Räumen des ehemaligen Braun'schen Ateliers, zwischen Zwinger und Semperoper, ein. Albert Braun leitete dort nach dem Zweiten Weltkrieg den künstlerischen Wiederaufbau des Zwingers. Im Museums-Café der weltberühmten gleichnamigen Galerie bietet Markus Füßling frische Köstlichkeiten der kreativen internationalen Küche. www.altemeister.net
Tel. +49 351 4810426

Im **Rossini** Restaurant des Hilton Dresden Hotels genießt der Liebhaber italienischer Lebensart Delikatessen. Dazu gibt es den einzigartigen Blick auf die Frauenkirche. Küchenchef Laurant Leblanc darf auch das Wappen der weltweiten Feinschmecker-vereinigung Chaîne des Rôtisseurs tragen.
www.hilton.de/dresden,
Tel. +49 351 464133

Das **Restaurant Kastenmeiers** im Kurländer Palais, wo einst Sachsens König August der Starke mit seinem »Club wider die Nüchternheit« rauschende Feten feierte, begeistert Feinschmecker mit Fischspeziali-

Dresdner Stadtfest | ©DMG | Sylvio Dittrich

täten. Gerd Kastenmeier widmet sich jeden Monat neu einer ausgesuchten Köstlichkeit und zeigt, wie vielseitig beispielsweise Spargel, Matjes oder Kürbis zum Einsatz kommen können. www.kastenmeiers.de Tel,: +49 351 48484801

Im modernen technischen Ambiente der Gläsernen Manufaktur verwöhnt das **Lesage** mit feinster Gastronomie. www.lesage.de, Tel. +49 351 4204-250

Frische saisonale Küche unter dem Motto »Liebe dein Essen« gibt es im **Villandry** im Szeneviertel der Dresdner Neustadt. Wer will, kann hier auch mit Freunden im angeschlossenen Kochstudio selbst zum Gourmetkoch werden.
www.villandry.de, Tel. +49 351 8996724

Regionale Traditionen in besonderem Flair

Im **Café-Restaurant Luisenhof**, genannt »Balkon von Dresden«, bietet Armin Schumann hoch auf den Loschwitzer Hängen neben der ausgezeichneten Küche einen faszinierenden Blick auf das Elbtal und die Stadt, von der Loschwitzer Seite der Elbbrücke Blaues Wunder zum Weißen Hirsch. Bereits eine Fahrt mit der 1895 in Betrieb genommenen Standseilbahn ein Erlebnis. Berühmt sind Kuchen, Torten und Pralinen der hauseigenen Patisserie.
www.luisenhof.org, Tel. +49 351 2149960

Als Dresdner Gewölberestaurants vermarkten sich die drei Erlebnisgaststätten **»Pulverturm«** an der Frauenkirche, **»Sophienkeller«** im Taschenbergpalais und **»Festungsmauern«** am Brühlschen Garten. Im barocken Ambiente sorgen allabendlich Zauberer, Gaukler und Musikanten für gute Stimmung und Unterhaltung. Während man im Pulverturm und im Sophienkeller sächsische deftige Küche genießen kann, sind die Festungsmauern ein reiner Veranstaltungsort für Events jeglicher Art.
www.erlebnisgastronomie-dresden.de
Tel. +49 351 262600 (Pulverturm) oder
+ 49 351 497260 (Sophienkeller)

Im Museumsrestaurant **»Dresden 1900«** am Neumarkt bietet Ricco Geithner regionale Küchenspezialitäten im Ambiente zwischen Gründerzeit und Jugendstil. Auf dem historisch nachgebildeten Postplatz kann man in der ältesten noch erhaltenen Straßenbahn »Helene« aus dem Jahre 1898 Platz nehmen. Ein historischer Schaffner plaudert regelmäßig über Geschichten und Histörchen oder hat Promis an der Kurbel.
www.dresden1900.de
Tel. +49 351 48205858

Ambiente beim Wein / DMG / ©Weinbauverband Sachsen e.V. / Villa Sorgenfrei

Das **Feldschlösschen Stammhaus** im denkmalgeschützten Maschinenhaus ist das letzte noch erhaltene Gebäude der 1858 gegründeten »Aktienbrauerei zum Feldschlösschen«. Nach aufwändigen Restaurierungsarbeiten wurde es 1998 als Erlebnisrestaurant geöffnet. Im Turm des Hauses erstreckt sich ein Biermuseum über drei Etagen.
www.feldschloesschen-stammhaus.de
Tel. +49 351 4718855

Regional inspirierte Kunst am Bau war ein Anliegen der DDR-Kulturpolitik, das sich in der Inneneinrichtung des Restaurants **»Der Löwe«** (sächsische und bulgarische Küche) erhalten hat. Schmuckstücke sind die Sandsteinfiguren des Dresdner Bildhauers Peter Makolies.
www.derloewe.de, Tel. +49 351 8041138

Im originalgetreu restaurierten Coselpalais – einem barocken Prachtbau, von 1765 mit direktem Blick auf die Dresdner Frauenkirche – befindet sich das **Café & Restaurant Coselpalais**. Die großzügigen Salons faszinieren Sie mit einzigartigen Sujets – so wird im Porzellanzimmer hochwertige Patisserie auf original Meissener Porzellan® serviert. www.coselpalais-dresden.de,
Tel. +49 351 4962444

Der **Schillergarten** ist eine der ältesten noch existierenden Gastwirtschaften in Dresden. Schon Friedrich Schiller kehrte hier ein. Eine Gedenktafel und eine Büste erinnern an ihn in diesem beliebten Biergarten an der Brücke »Blaues Wunder«.
www.schillergarten.de,
Tel. +49 351 811 99 22

Über drei Etagen erstreckt sich das historische Gasthaus **»Kurfürstenschänke«**. Für die Liebhaber des verspielten Barocks gibt es hier jede Menge zu entdecken. Ein von der Sächsischen Porzellan-Manufaktur Dresden in filigraner Handarbeit gefertigter Leuchter strahlt über zwei Etagen. Ein weiteres optisches Highlight ist der »Mohr mit Smaragdstufe«, ein exklusives Replikat aus Dresdner Porzellan, nach dem weltberühmten Vorbild der kunstvollen Skulptur Balthasar Permosers.
www.kurfuerstenschaenke.de
Tel. +49 351 42448280

Biergärten und Sommergastronomie

In den Sommermonaten können die Dresdner und ihre Gäste aus mehr als 50 gemütlichen Sommeroasen wählen und Speise und Trank auf lauschigen Plätzen unter freiem Himmel genießen. Bereits um die Mitte des 18. Jahrhunderts begann in Dresden die Tradition, sich in Biergärten zu vergnügen. Das ehemalige Linckesche Bad (an der Stelle gegenüber des heutigen Fähranlegers Neustadt) lockte seine Gäste auch mit Sommertheater, bei dem u.a. der Dichter E. T. A. Hoffmann mitwirkte. Die nahe gelegene Saloppe, schräg unterhalb von Schloss Albrechtsberg gelegen, gilt als ältester erhaltener Biergarten der Stadt und pflegt heute die Tradition des Sommertheaters.
In der Dresdner Altstadt bietet der historische Innenhof des Kempinski Hotels

Taschenbergpalais für besonders anspruchsvolle Gäste Gastronomie auf höchstem Niveau. Im Biergarten des Italienischen Dörfchens hat man einen Traumblick auf den Theaterplatz mit Semperoper, Hofkirche, Zwinger, Schloss und Brühlsche Terrasse. Direkt auf dieser Terrasse mit Blick auf die Elbe kann man im Radeberger Spezialausschank Platz nehmen. Ein paar Schritte weiter, in der Münzgasse, bieten gleich sieben Gaststätten Speisen und Getränke im Freien an, und rund um den Neumarkt bieten zahlreiche Lokale Traumblick zur Frauenkirche.

In über 30 Metern Höhe lässt es sich vom Kuppelrestaurant der Yendize, einem außergewöhnlichen Bau im Stil einer Moschee, auf die gesamte Innenstadt hinabschauen, im Fährgarten Johannstadt kann man sogar mit dem Boot anlegen, und das Fischhaus Alberthafen bietet auf seiner Terrasse maritime Atmosphäre. In der Dresdner Neustadt fällt gleichfalls die Auswahl schwer. Der größte Biergarten lädt im Brauhaus am Waldschlösschen ein, aber auch das historische Fischhaus am Rande der Dresdner Heide ist gern besuchte Einkehrstätte. Jugendliches Publikum chillt gerne in den Biergärten von Katy's Garage und dem Louisengarten – beide in der Louisenstraße.

Der Schillergarten am Blauen Wunder oder der Körnergarten auf der gegenüber liegenden Elbseite beeindrucken durch das besondere Ambiente ihrer Lage. Ein wenig weiter elbaufwärts laden die Elbterrasse Wachwitz, die Erbgerichtsklause, das Fährhaus anno 1860 oder das Schloss Hotel Pillnitz zum Verweilen ein.

Die Leutewitzer Windmühle, die Kümmelschänke, das Wirtshaus Lindenschänke oder die Zschoner Mühle im Dresdner Westen sind besonders bei den Gästen beliebt, die ihren Biergartenbesuch mit einem ausgedehnten Spaziergang verbinden wollen.

Großer Garten: Gondeln auf dem Carolasee | ©DMG | Frank Exß

Wer zum Bierchen oder einem coolen Drink auch Strandfeeling verbinden will, ist in einem der Dresdner Stadtstrände richtig. Ostdeutschlands coolste Strandbar ist laut der Illustrierten »SUPERillu« der »Puro Beach« am Neustädter Elbufer (Leipziger Straße). Bei schönem Wetter kann der Sommer hier täglich ab 11 Uhr in vollen Zügen genossen werden, und die einzigartige Mischung aus asiatischen, orientalischen und mediterranen Einflüssen lassen jeden Besuch zu einem besonderen Erlebnis werden – traumhaftes Urlaubsfeeling inklusive mit Platz für Beachvolleyballfeld und Boulespiel. Für die nötige Abkühlung sorgt der 65 m² große Pool, und die entsprechende Wellness kommt

Humoristisches Bierseminar mit Bierkutscher Ernst / DMG / ©PR Radeberger Pilsner

Rosengarten in der Dresdner Neustadt / ©DMG

selbstverständlich ebenfalls nicht zu kurz. Nur ein Stück weiter elbabwärts wird am »City Beach Dresden« Strandfeeling auf weißem Sand zelebriert. Insgesamt acht Beachvolleyballplätze und mehrere Tischtennisplatten bieten jedem die Möglichkeit, sich auch sportlich zu betätigen. Einige Biergärten werden auf der Facebook-Seite der Dresden Marketing GmbH vorgestellt: www.facebook.com/dresden-marketing, http://on.fb.me/nPx8Yt .
Einen Überblick über die aktuell beliebtesten Biergärten und Stadtstrände der Stadt gibt auch die Website http://dresden.prinz.de/stadt/biergaerten.

Restaurant-Theater

Seit 1998 begeistert das Restaurant-Theater **»Merlins Wunderland«** seine Gäste mit rustikalem Essen und vergnüglichem Theater-Spektakel mit sächsischem Anstrich. »Let's talk about Sax«, oder »Blindekuh mit Winnetou« sind nur zwei Titel des abwechslungsreichen Spielplans.
www.merlins-wunderland.de
Tel. +49 351 4219999

Der Dresdner Event-Veranstalter Mirco Meinel steht auch hinter weiteren Dinner-Theater-Angeboten, wie dem Mittelalterlichen Erlebnisgasthaus Zarenkeller, dem Restaurant-Theater **»Kraftwerk Mitte«** mit dem Programm »Giganten der Meere«, dem **Kurländer Palais** mit der Dinner-Show »Draculas Hochzeit« www.feiern-in-dresden.de
Tel. +49 351 2152770

Der **Zirkus Sarrasani** ist eine Legende. Hans Stosch Sarrasani gründete das Unternehmen 1901 in Radebeul bei Dresden, und bereits 1912 eröffnete er einen gewaltigen Zirkusbau (ein Brunnen an der Sarrasani Straße erinnert daran), der 1945 zerstört wurde. Nach dem 2. Weltkrieg wurde das Unternehmen in Mannheim neu gegründet. Nachfahre André Sarrasani brachte 2004 die Tradition zurück nach Dresden. Seitdem zeigt in den Wintermonaten das Sarrasani Trocadero Dinner-Variétheater Dresden atemberaubende Shows mit Artisten, wilden Tieren und Musik – verbunden mit kulinarischen Köstlichkeiten. www.sarrasani.de
Tel. +49 351 6465056

Die Reihe »**Krimi Total**« bietet Dinner-Theater in mehreren Orten Deutschlands. In Dresden gibt der historische Ballsaal des DORMERO Hotel Königshof Dresden dafür den Rahmen.
www.krimitotal.de/dinner/dresden.php
Tel. +49 351 4828700

Vor den Toren der Stadt Dresden bietet im historischen Kaiserhof in Radeberg das »**Radeberger Biertheater**« sächsische Mundart-Komödien, verbunden mit rustikalem Essen und frisch gezapftem Radeberger Pilsner.
www.biertheater.de
Tel. +49 3528 487070

Auch das **Theater Wechselbad** sowie das Travestie Revue Theater und das Varietétheater Carte Blanche (➔ Bühnen) bieten Theaterprogramme mit integriertem Abendessen.

DORMERO Hotel Königshof Dresden, Historischer Ballsaal | DMG | © Starwood Hotels and Resorts

Weinbau in Dresden

Eine Urkunde aus dem Jahr 1061 bezeugt erstmals einen Weinberg in Meißen. Der – in der Münchner Frauenkirche begrabene – Meißener Bischof Benno soll den Wein in das Elbtal gebracht haben, das ein für seine nördliche Lage besonders mildes Klima aufweist. Seit dem 16. Jahrhundert ist Weinbau in Dresden nachgewiesen. Der wohl älteste als Weinlager erbaute Weinkeller Dresdens ist unter dem Kavaliershaus von Schloss Albrechtsberg von 1660. Der Sächsische Kurfürst und Polnische König August der Starke förderte auch den Weinbau in Sachsen. Im Keller des Kurländer Palais gründete er die »Antisobrische Gesellschaft«. Beim Weingenuss wurden Hierarchien und Nationalitäten bewusst negiert, und jeder Teilnehmer durfte frei reden, ohne Nachteile zu befürchten. Augusts wichtigster Minister, Graf Wackerbarth, baute sich als Mitglied der Gesellschaft und wohl auch im Auftrag seines Dienstherren ein Weinschloss im nahe gelegenen Radebeul, das heutige Staatsweingut.
Im Dresdner Stadtbild finden sich zahlreiche Anklänge an den Weinbau. Der Hochaltar der Frauenkirche bspw. zeigt die Szene von Christus am Ölberg am Gründonnerstag. Barocke Putten tragen Girlanden von Ähren und Trauben als Erinnerung an das Abendmahl. Das wiederaufgebaute barocke Köhlersche Haus am Neumarkt gehörte einst einem Weinhändler, der das Palais mit Reliefs zum Thema Wein schmücken ließ. Passenderweise ist hier wieder eine Vinothek untergebracht. Zahlreiche Bilder von Everdingen, Garofalo, Reni, Rembrandt, Rubens, und vielen anderen in der Gemäldegalerie Alte Meister thematisieren den Wein. Die berühmte Semperoper ist gar dem griechischen Weingott Dionysos gewidmet. Das Thema Wein begegnet dem Besucher an Skulpturen im barocken Zwinger dem Festplatz Augusts des Starken, in zahlreichen Kunstwerken in der Schatzkammer »Grünes Gewölbe« und auch den anderen Museen.
Dresdner Wein inspirierte auch Dichter und Musiker. Friedrich Schiller vollendete – überwiegend in einem Weinberghäuschen im heutigen Stadtteil Loschwitz seinen »Don Karlos« und die »Ode an die Freude«. Die überschwänglichen Worte, die Beethoven in seiner 9. Sinfonie vertonte, weisen deutlich auf den Wein hin. Carl Maria von Weber verbrachte seine Sommer in einem Hosterwitzer Weingut, komponierte hier seine »Aufforderung zum Tanz« und arbeitete an seinem »Freischütz«. Das von Reben umrankte Winzerhaus ist heute das ihm gewidmete Weber-Museum.
Dresden ist Teil der Weinbauregion Sachsen, mit 462 ha das drittkleinste Anbaugebiet Deutschlands. Derzeit (2011) wird auf dem Stadtgebiet Dresdens auf 34 ha Weinbau betrieben. Die Großlage Elbhänge ist aufgeteilt in die Einzellagen Pillnitzer Königlicher Weinberg (Herkunftsgemeinde: Dresden-Pillnitz), mit der Unterteilung in Loschwitzer Elbhänge, Wachwitz und Pillnitz, sowie Merbitzer Bauernberge (Herkunftsgemeinde: Dresden-Merbitz).
Wie in ganz Sachsen, gibt es in Dresden zahlreiche Hobbywinzer, die meist entweder in Eigenregie arbeiten oder der Winzergenossenschaft Meissen zuarbeiten. Die wichtigsten Dresdner Weinbaubetriebe sind:

Weingalerie Dr. Müller

Nur 3,9 km Luftlinie sind es vom Loschwitzer Weinberg bis zur Frauenkirche. Der Blick vom Weinberg (an trockenen Sommerwochenenden Straußenwirtschaft) auf die Dresdner Innenstadt ist eindrucksvoll. Regelmäßig gibt es Weinseminare im historischen Weinkeller und auf Anfrage »Schlenderweinproben«, geführter Spaziergänge durch die Parkanlagen der Elbschlösser mit Weinverkostung.
www.winzer-mueller.de

Kavaliershaus Schloß Albrechtsberg
Renate und Dr. Christian Müller
Bautzner Straße 130, 01099 Dresden
Tel. +49 351 2517819
Mobil +49 179 5321931
mail@winzer-mueller.de

Weingut Klaus Zimmerling
Der Öko-Winzer produziert feine Weine auf 4 ha. Auf Grund der kleinen Erntemengen 2009 und 2010 gibt es zur Zeit keine Weinproben. Weinausschank vor dem Weinkeller April bis September: Sa./So. 11–17 Uhr
www.weingut-zimmerling.de

Bergweg 27, 01326 Dresden (Oberpoyritz)
Tel. +49 351 2618752
info@weingut-zimmerling.de

Weinbaugemeinschaft Pillnitz
Zusammenschluss kleiner Dresdner Privatwinzer, www.boettcherei-goetze.de

Rolf Götze
Dohnaer Straße 70, 01219 Dresden
Tel. +49 351 2707354
rolf.goetze@boettcherei-goetze.de

Die wichtigsten Adressen außerhalb des Dresdner Stadtgebietes:

Weinbauverband Sachsen e.V.
In diesem Verband sind die wichtigsten Weinbaubetriebe Sachsens organisiert.

Fabrikstraße 16, 01662 Meißen
Tel. +49 3521 763530
info@weinbauverbandsachsen.de

Sächsisches Staatsweingut GmbH Schloss Wackerbarth
Erlebnisweingut mit historischen und

Weingott Bacchus mit Weinmajestät | DMG | ©Weinbauverband Sachsen e.V. | André Wirsig, Radebeul

modernen Baulichkeiten, eingebettet in mediterrane Landschaft. Regelmäßig Wein- und Sektführungen (am Wochenende stündlich 12–17 Uhr). Preisgekrönte Weine und Sekte.
www.schloss-wackerbarth.de

Wackerbarthstraße 1, 01445 Radebeul
Tel. +49 351 8955-0,
J (-218, Ulrike Schroeter, Presse)

Schloss Proschwitz
Die fotogenen Rebflächen mit Blick auf die Albrechtsburg Meißen sind nahe des neobarocken Schlosses des Besitzers Prinz Georg zur Lippe, das Weingut, in dem die weltweit renommierten Weine vertrieben werden im nahegelegenen Dorf Zadel.
www.schloss-proschwitz.de

Dorfanger 19, 01665 Zadel über Meißen
Tel. +49 3521 76760

Sächsische Winzergenossenschaft Meißen
Mitgliederstärkste Winzergenossenschaft Deutschlands.
www.winzergenossenschaft-meissen.de

Bennoweg 9, 01662 Meißen
Tel. +49 3521 78097-0,
J (-22, Manja Licht, Presse)

Gästeführung im Zwinger | DMG | © www.barokkokko.de

Thematische Stadtführungen

Dresden lässt sich aus den unterschiedlichsten Blickwinkeln betrachten. Mehrere Dutzend Agenturen und über 300 Gästeführer sind in Dresden tätig und erklären die Stadt aus ihrem persönlichen Blickwinkel. Die Dresden Marketing GmbH vermittelt gerne bei Journalistenwünschen entsprechend der Anfrage, den eigenen Themenschwerpunkten und Verfügbarkeiten Gäste führerleistungen oder Stadtrundfahrten. Bei eigener Recherche können Journalisten auf die Webseiten der Gästeführerverbände (teilw. mit Suchfunktion) zurückgreifen: www.dresdenguides.de; wwwww.dresden-guides.de

Historische Persönlichkeiten

Zahlreiche historische Persönlichkeiten führen im Kostüm durch die Stadt. Hier eine Auswahl:

August der Starke

- Hofstaat zu Dresden GbR
  www.hofstaatzudresden.de
  (außerdem auch: Reichsgräfin von Cosel, Johann Friedrich Böttger und Gesinde der hohen Herrschaften: Nachtstuhldiener Alberich und/oder Schnürzofe Louise)
  Tel. +49 351 2137354
- Fuchs Congress+Incentive GmbH
  (Audienz bei August dem Starken optional mit Musik)
  www.fuchsincentive.de
  Tel. +49 351 479300
- Dresdner Tourenservice
  www.dresdner-tourenservice.de
  Tel. +49 351 2680706
- Touristischer Extra – Service Dresden
  www.gästeführer-dresden.de
  Tel. +49 172 3070035
- Barockbühne Dresden
  (außerdem auch: Zar Peter I., Reichsgräfin von Flemming, Balthasar Permoser, Zofe Babette u. a.)
  www.barockbuehne-dresden.de
  Tel. +49 351 4271015

Gräfin Cosel
- Claudia Friedemann
  www.guidesclubdresden.de
  Tel. +49 351 8888453

Fürstin Lubomirska
- Renata Linné
  www.dresden-drezno.info
  Tel. +49 351 4952768
  Tel. +49 173 5974410

Reichsgraf von Brühl oder Fürstin Sulkowski
- Barokkokko, www.barokkokko.de
  (Kostümführungen mit Schauspiel und Animation – auch: Kerkermeister, J.F. Böttger, Karl May, Augusts Mätresse Fatima, Johann Andreas Schubert u.v.a.)
  Tel. +49 351 4798184

Hofnarr Frölich
- Matthias Christian Schanzenbach,
  www.hofnarr-froelich.de
  Tel. +49 173 8550692

Clara Schumann
- Compact Tours,
  www.dresden-touristen.info
  Tel. +49 351 808090,
- Dr. Gisela Niggemann-Simon,
  www.adlertours-dresden.de
  Tel. + 49 35206 31056

Sonstige Kostümführungen

Franziskanermönch
- igeltour Dresden
  www.igeltour-dresden.de
  Tel. +49 351 8044557

Dresdner Nachtwächter
- Stadtrundfahrt Dresden
  www.stadtrundfahrt.com
  Tel. +49 351 8995650

Uniformträger oder andere Stadtfilius
- Events & Stadtführungen
  mit Schauspiel
  www.stadtfilius.de
  Tel. +49 179 9411636

Schankmagd
- besonders zu Themen Wein, Bier, Musik;
  Sprachen: Englisch, Französisch
  Sylvia Johne, www.dresdenlife.de
  Tel. + 49 351 2756767
  Tel. + 49 1522 8109074

Dresdner Bürgerfrauen (19. Jh.)
- in dt., engl., franz., span., jap. Sprache,
  www.buergerfrauen-dresden.de
  info@buergerfrauen-dresden.de
  Tel. +49 3212 6386275

»Fräulein Kerstin«
- Kerstin Klauer
  www.stadtfuehrung-dresden.de
  Tel. +49 351 8019048

Stadtteilspezifische Führungen
- Weißer Hirsch und viele andere:
  igeltour Dresden
  www.igeltour-dresden.de
  Tel. +49 351 8044557

»Nightwalk–Dresden«
- allabendliche geführte »Kneipentour« Neustadtgelüste Shoppingtour oder Kneipentour, »In the footsteps of Kurt Vonnegut - Slaughterhouse 5 Tour« - Führung über den 13. Februar 1945 in Bezug zu dem Antikriegsroman des amerikanischen Autors Kurt Vonnegut »Schlachthof 5 – der Kinderkreuzzug«
  www.nightwalk-dresden.de
  Tel. +49 172 7815007
  Tel. +49 151 14328518

Tipp: Sales Guide Dresden – Der Tourismus-Almanach

Eine Übersicht über weitere Stadtführungen und Agenturen gibt es im Dresden Sales Guide, dem touristischen Verkaufshandbuch, herausgegeben von der Dresden Marketing GmbH. Das Handbuch ist im Internet als PDF-Datei herunterladbar:
http://bit.ly/dresden-salesguide.
Die interaktive Version gibt es unter
www.dresden-salesguide.de

Tourismusentwicklung 2000–2010
(Ankünfte, Übernachtungen, gesamte Bettenauslastung, Verteilung Tourismus Inland/Ausland)

Übernachtungen aus den ausländischen Quellmärkten in Dresden 2010

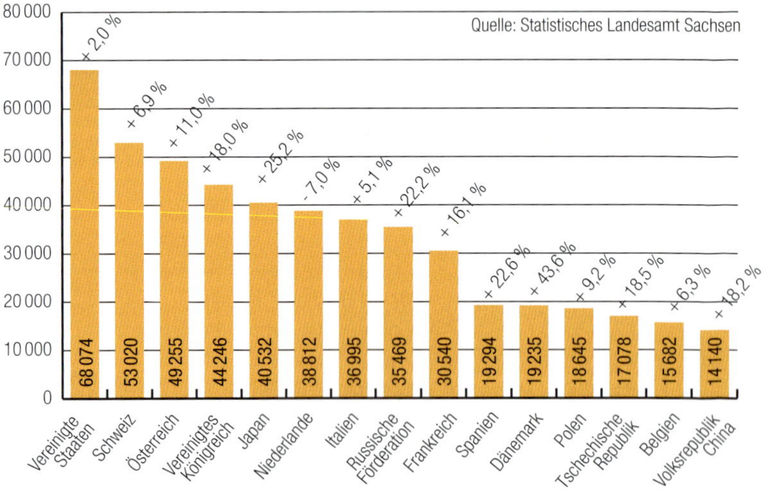

Übernachtungen aus den ausländischen Quellmärkten in Dresden Januar – September 2011 im Vergleich zum Vorjahr

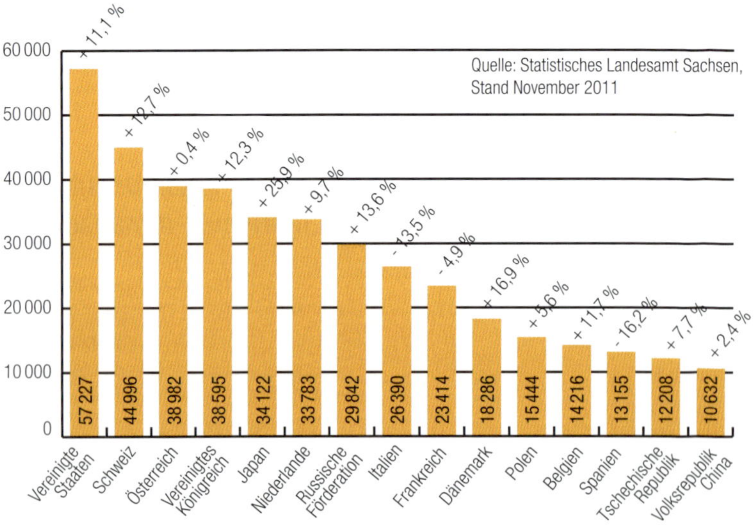

Tourismus in Dresden 2000–2010

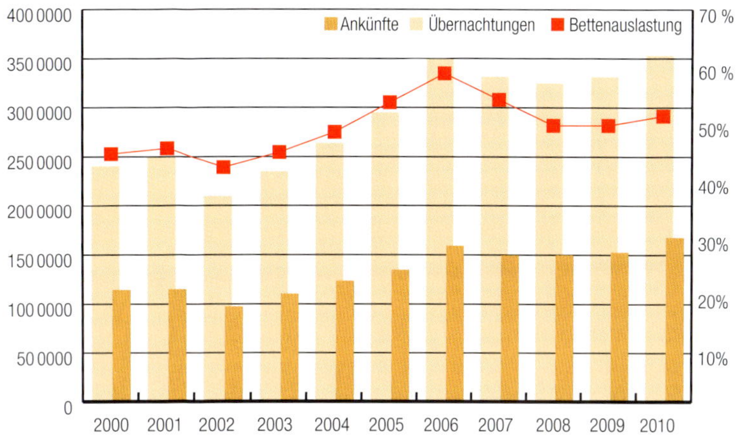

Städte- und Kulturreisen sind die wichtigsten Urlaubsarten in Dresden

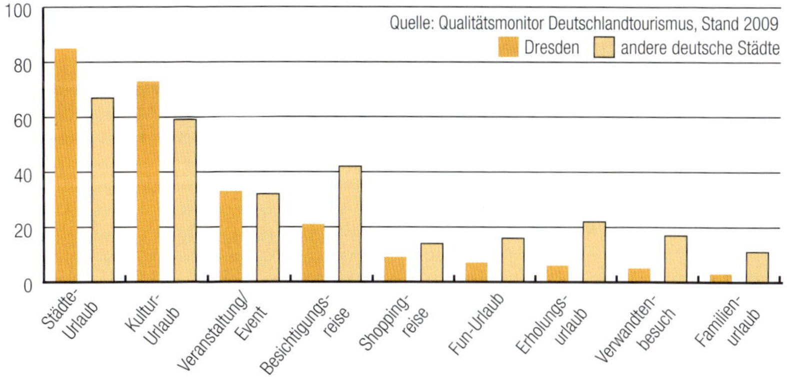

Motive für die Urlaubsentscheidung in Dresden

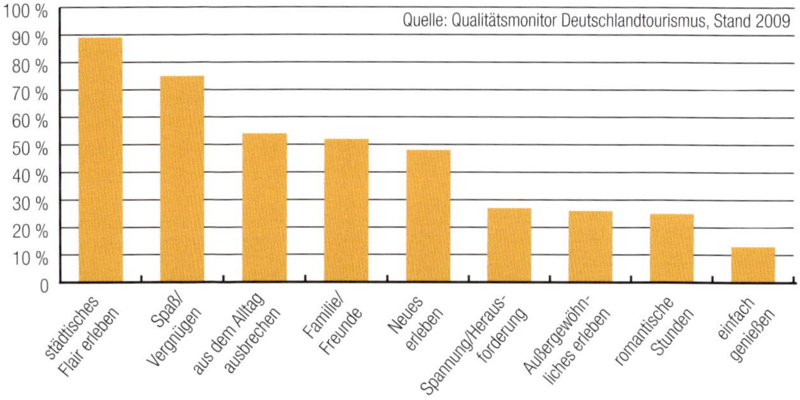

Jung und Alternativ

- (F) Tipps für Fotografen und Filmteams
- (J) Journalistenkontakt
- (P) Pressebereich auf Website vorhanden
- (A) Hochauflösende Fotos zum Herunterladen auf Website vorhanden
- (W) Ausführlicher Wikipedia-Beitrag vorhanden (ohne Gewähr)

Filmfest Dresden | DMG | ©Filmfest Dresden | Oliver Killig

Wenn die Sonne hinter der Kuppel der Frauenkirche verschwindet, erwacht ein zweites Dresden. In der Äußeren Neustadt, dem angesagten Szene- und Kneipenviertel der Stadt, oder dem ehemaligen Industriegelände im Norden hat sich eine dichte Club- und Partyszene mit einem vielfältigen Musikangebot etabliert, der sich nicht nur die vierzigtausend Studenten in Dresden kaum entziehen können. Gefeiert wird bis zum Morgen, und das nicht nur während des alternativen Stadtteilfestes der »Bunten Republik« im Juni oder der Unity Dresden Night im November. Zum Glück kennt auch der Dresdner Nahverkehr keine Sperrstunde, egal ob das Bett in einem der vielen Hostels steht oder eine Koje im Jugendherbergsschiff auf der Elbe wartet. Doch kaum hat sich der Morgennebel auf den Elbwiesen gelichtet, werden in den Strandbars am Pieschener Hafen die Liegestühle aufgeklappt und die ersten Matchbälle geschlagen, bauen die Händler jeden Sonnabend die Flohmarktbuden auf.
Kondition ist ohnehin gefragt: an der größten Kletterwand Sachsens, im Wasser- und Wakeboardzentrum in der ehemaligen Kiesgrube, bei der Shoppingtour durch die Trendläden oder beim Bummel durch die Kunsthöfe in der Neustadt. Kunst und Kultur sind übrigens keine Frage des Alters, aber es müssen nicht immer nur die ehrwürdigen Staatlichen Kunstsammlungen oder die Semperoper sein. Das Hygiene-Museum und die Technischen Sammlungen bieten spannende Ausstellungen und auch bei der Ostrale oder dem Filmfest trifft sich vorwiegend ein junges Publikum. Und irgendwann beginnt schon wieder eine neue Nacht und es stehen die alten Fragen: Grillen auf oder an der Elbe? Soll man zu den Filmnächten am Elbufer gehen, zum Poetry Slam oder dem Schaubudensommer in der Scheune, ins Theater Junge Generation oder zum Nachtskaten durchs Zentrum? Oder sich einfach nur in diese, vielleicht sogar in dieser, Stadt verlieben?

Dresdner Stadtfest / © DMG / Sylvio Dittrich

Nachtleben

Dresdens Nachtleben ist vor allem studentisch geprägt. Ein ausgesprochenes Rotlichtviertel gibt es nicht, dafür aber zahlreiche gemütliche Kneipen und Clubs in allen möglichen Stilrichtungen und für alle Altersgruppen: von der Jugend-Disco bis hin zum Ballhaus.
Da die trendigen Lokale öfters wechseln, empfiehlt sich hier ein Blick in die Dresdner Stadtmagazine bzw. ein Bummel durch die Stadtviertel mit hoher Dichte an Angeboten.

Public Viewing am Elbufer / DMG / © LH Dresden / Jörn Verleger

Dresdens trendige Szene drückt sich aber auch in den Galerien, Kunstprojekten und Theatern aus, insbesondere in der Äußeren Neustadt. (siehe auch > Kunst & Kultur)

Stadtmagazine online und Online-Informationen:
www.blitz-world.de/dresden/dre-titel.htm
www.cybersax.de/essen-trinken,
www.dresden.prinz.de
www.dresdner.nu/timer
www.kneipensurfer.de (Neustadt)

Stadtviertel
Industriegebiet Dresden Nord, Werner-Hartmann-Straße (mehrere Clubs)
Hechtviertel (Kneipen rund um die Rudolf-Leonhardt-Straße)
Äußere Neustadt (www.neustadt-ticker.de, www.kneipensurfer.de)
Altstadt (Weiße Gasse, Münzgasse)

Dresden für Schwule und Lesben

Eine Hochburg für Gays ist Dresden nicht, doch als Großstadt, die sich seit Jahrhunderten den schönen Künsten widmet, übt Dresden schon seit Jahrhunderten auch auf Schwule und Lesben eine Anziehung aus. Auch einige Prominente sind dabei, so der Begründer der modernen Archäologie, Johann Joachim Winckelmann, der schottische Lord Findlater, der den Vorgängerbau von Schloss Albrechtsberg errichten ließ, Peter Tschaikowski, der hier dirigierte oder Sascha Schneider, der seine Knabenschönheiten auf die Buchdeckel von Karl Mays Romanen brachte oder aber in Bronzestatuen verewigte. Und zahllose weitere Beispiele finden sich im Dresdner Stadtbild. Die Bronzestatue des Bogenschützen am Neustädter Elbufer inspirierte auch den schwul-lesbischen Sportverein bei der Namensgebung.

Die aktuelle Szene ist überschaubar und hauptsächlich im bunten Stadtteil der Dresdner Neustadt angesiedelt, bietet aber alles im Kleinen, was die Zielgruppe von einer toleranten Großstadt erwartet: Bars, Leder-Club, Sauna, Kino. In Dresden findet auch jährlich im Frühsommer, meist zuerst in Deutschland, die große CSD Gay Parade (Christopher Street Day) mit politischer Demonstration, Straßenfest und begleitenden Partys statt.
www.csd-dresden.de

Aktuelle Infos über Termine und Orte gibt es im monatlichen Magazin »Gegenpol«, das an vielen Orten der Stadt ausliegt. Das Heft kann auch im Internet heruntergeladen werden unter www.gegenpol.net. Ein (nicht immer aktuelles) Adressverzeichnis gibt es unter www.rainbowguide.de. Wichtiger Ansprechpartner ist auch der Verein Gerede.
www.gerede-dresden.de
Tel. +49 351 8044480

Dresdner Stadtfest | ©DMG | Sylvio Dittrich

Grün und aktiv

(F) Tipps für Fotografen und Filmteams
(J) Journalistenkontakt
(P) Pressebereich auf Website vorhanden
(A) Hochauflösende Fotos zum Herunterladen auf Website vorhanden
(W) Ausführlicher Wikipedia-Beitrag vorhanden (ohne Gewähr)

Großer Garten, Palais | © DMG | Frank Exß

Mag ja sein, die Schweizer haben die Berge erfunden. Aber Alpinisten können auch hundert Meter über Normalnull gemacht werden, hierzulande im Elbsandsteingebirge. Die Sächsische Schweiz steht jedoch nicht allein, sondern ist Teil der imposanten Kulturlandschaft des Elbtals, dem auch Dresden seine »große feierliche Lage« (Heinrich von Kleist) verdankt. Der Fluss und das Zusammenspiel von Kultur und Landschaft zählen zu ihren größten Schätzen. In keiner anderen Großstadt ist es wie hier gelungen, die Auenlandschaft von der Bebauung freizuhalten. Gemeinsam mit den Weinbergen, der Dresdner Heide oder dem Großen Garten macht sie Dresden mit über sechzig Prozent Wald und Grünfläche zu einer der grünsten Städte Europas. Der Große Garten, die größte Parkanlage der Stadt, umfasst auch den Botanischen und den Zoologischen Garten und bietet ideale Möglichkeiten für aktive Erholung. Daneben haben sich die Skaternächte, der Elbmarathon oder die auf den Elbwiesen startenden Ballonfahrten als feste Größen im Terminplan etabliert. Ruhiger geht es in Pillnitz zu, wo eine der ältesten Kamelien Europas die Sammlung exotischer Pflanzen krönt.

Stadtentwicklung/Umwelt/ Grünes: Neue Projekte

In Dresden tut sich viel. Kräne und Gerüste sind ständige Begleiter im Stadtbild. Das wird auch in den nächsten Jahren so bleiben, denn Dresden ist eine der dynamischsten Städte Deutschlands. Mehrere Zukunftsprojekte sind derzeit in Planung, einige auch schon in der Realisierung. Hier ein Überblick über die wichtigsten:

Neumarkt

Die Frauenkirche erhält ihre Fassung wieder: Der Neumarkt gilt mittlerweile als Musterbeispiel für die Wiedererlangung einer kriegszerstörten Innenstadt im Spannungsfeld zwischen kultureller Identität durch den Wiederaufbau historischer Fassaden und moderner Funktion und Formensprache. Nachdem die Ostseite des Platzes und die Südseite der Rampischen Straße weitgehend fertiggestellt worden sind und auch der Bereich zwischen Schloss und Johanneum 2012 mit »historischen Neubauten« weitgehend geschlossen wurde, wird nun um die Gestaltung der letzten freien Flächen gerungen.
www.neumarkt-dresden.de

Kulturkraftwerk Mitte

Aus einem Kraftwerk des 19. Jahrhunderts einen neuen kulturellen Mittelpunkt schaffen, ist das Ziel dieses Projektes. Hier sollen die Staatsoperette Dresden und das Theater Junge Generation ihre neuen Spielstätten erhalten, wobei hier historische Architektur und Moderne eine Symbiose eingehen. Eine große Halle wird bereits als Event-Location genutzt, in einer anderen hat die DREWAG ein Museum zur Energiegeschichte Dresdens eingerichtet. Die Verbindung zur Musikhochschule gegenüber und die Nähe zu den nahegelegenen Theatern Comödie Dresden, Wechselbad und Kabarett Breschke & Schuch sowie dem S- und Regional-Bahnhof Dresden-Mitte wird weitere Synergien schaffen.
www.ig-kraftwerk-mitte.de

Kunstviertel am Haus der Presse

Als ideale Ergänzung zum Kulturkraftwerk, den neuen Stadthäusern am Schützenplatz und der geplanten Neugestaltung des Areals An der Herzogin Garten sehen die Investoren ihr Projekt zwischen Haus der Presse (Verlagsgebäude, u. a. der Sächsischen Zeitung), art'otel und dem Internationalen Congress Center Dresden (ICD).
Hier sind ein weiteres Theater und Ausstellungshallen geplant.
http://bit.ly/DD_kunstviertel
http://bit.ly/kunstviertel

Michelangelo Musicalpalast am Ferdinandplatz

Ein festes Musicalzelt mit bis zu 3 000 Plätzen gegenüber dem Neuen Rathaus soll Dresden in die Reihe der Musical-Theater-Städte bringen. Während die Staatsoperette Dresden als Repertoiretheater immer wieder wechselnde Musicals zeigt, will Friedrich Kurz Dresden zum exklusiven deutschen Dauer-Aufführungsort des Musicals Michelangelo von Enrico Garzilli machen.

Hafencity Neustadt

Noch in der Phase der Ideenfindung ist das Projekt einer Hafencity am Sport- und Yachthafen Dresden Neustadt. Seit 2009 in der Diskussion, wollen hier Dresdner Stadtplaner ein neues Stadtgebiet nach ökologischen Kriterien entwickeln.
http://bit.ly/DD_stadtplanung

Lingnerstadt

Das Stadtmodell im Neuen Rathaus Dresden zeigt für das ehemalige Robotron-Gelände eine neue, moderne und aufgelockerte Bebauung. Das Ziel: gleichzeitig ein innerstädtisches Gebiet zu gestalten und ein

grünes Band vom Stadtring am Rathaus am Deutschen Hygiene Museum vorbei bis hin zum Großen Garten zu schaffen. Der Name erinnert an C. A.Lingner, der 1911 ganz in der Nähe mit der Internationalen Hygiene-Ausstellung eine Weltausstellung nach Dresden brachte, die auch Architekturgeschichte schrieb.
http://bit.ly/DD_stadtplanung

Postplatz/Ring
Lange Zeit eine innerstädtische Brache, nimmt der Dresdner Postplatz derzeit Gestalt an. Die ursprünglichen Pläne des Architekten Schürmann wurden dabei entsprechend neuen stadtökologischen Erkenntnissen leicht modifiziert.
http://bit.ly/DD_stadtplanung

Mobilität

Mit der Eröffnung der Sächsisch-Böhmischen Dampfschiffahrtsgesellschaft 1836, einer Pferdeomnibuslinie 1838 und der ersten Ferneisenbahn auf dem europäischen Kontinent 1839 zwischen Leipzig und Dresden beginnt die Geschichte des Linienverkehrs in Dresden. Daran erinnern heute private touristische Pferdeomnibusse. Im März 1869 wurde die Konzession zum Bau einer Pferdestraßenbahn eingereicht, die 3 Jahre später ihren Betrieb begann. Heute betreiben die 1993 neu gegründeten Dresdner Verkehrsbetriebe 12 Straßenbahnlinien (Gesamtlänge ca. 200 km) und 28 Stadtbuslinien (Gesamtlänge ca. 300 Km) sowie zwei Bergbahnen und drei Elbfähren. Dresden ist damit ein Eldorado für Liebhaber historischer und aktueller Verkehrsmittel.

Neumarkt I © DMG I Frank Exß

Historische Verkehrsmittel

Sächsische Dampfschiffahrt
Die älteste und größte Raddampferflotte der Welt besitzt auch zwei moderne Salonschiffe und zwei Ausflugsschiffe aus DDR-Zeit.

Hertha-Lindner-Str. 10, 01067 Dresden
J Kerstin Träger, Prokuristin
Tel. +49 351 8660915
ktraeger@saechsische-dampfschiffahrt.de

Bergschwebebahn | DMG | © Verkehrsverbund Oberelbe GmbH | Martin Schmidt

Dresdner Bergbahnen
Die Standseilbahn führt seit 1895 vom Körnerplatz zum Weißen Hirsch, die Bergschwebebahn als älteste ihrer Art seit 1901 vom Körnerplatz nach Oberloschwitz/Bühlau.

Dresdner Verkehrsbetriebe AG (DVB)
J Falk Lösch, Pressesprecher
Tel. +49 351 8571194
loesch@dvbag.de

Lößnitzgrundbahn und Weißeritztalbahn
Von Radebeul Ost (von Dresden aus mit der S1 erreichbar) über Moritzburg nach Radeburg führt die dampfbetriebene Schmalspurbahn, die im Volksmund liebevoll »Lößnitzdackel« genannt wird. Die Weißeritztalbahn führt seit 1883 von Freital-Hainsberg (von Dresden aus mit S3) ursprünglich nach Kurort Kipsdorf. Bei der Flut 2002 wurden die Gleise großteils zerstört. Seit 2008 fährt die Bahn wieder bis Dippoldiswalde.

SDG Sächsische Dampfeisenbahngesellschaft mbH
J Anke Neubert, Presse
Tel. +49 37348 151-15
anke.neubert@sdg-bahn.de oder
Verkehrsverbund Oberelbe GmbH (VVO)

J Christian Schlemper, Pressesprecher
Tel. +49 351 85265412
Christian.Schlemper@vvo-online.de

Trabi Safari | © DMG | Christoph Münch

Trabi-Safari
Über Jahre hinweg prägte die »Rennpappe« das Stadtbild in Dresden wie auch in der gesamten DDR. Nun ist das Kultauto zum raren Oldtimer geworden. Das in Dresden gegründete Unternehmen Trabi Safari bietet in verschiedenen ostdeutschen Städten Rundfahrten an und natürlich auch am Ursprungsort.

Ostra-Allee 25/ Ecke Kleine Packhofstraße, 01067 Dresden, Tel. +49 351 89900110
dresden@trabi-safari.de

Weitere historische Verkehrsmittel siehe
➔ Verkehrsmuseum,
➔ Straßenbahnmuseum der ➔ DVB
www.kutschfahrten-in-dresden.de
www.dresden-barock.de

Moderne Verkehrsmittel

➔ Gläserne Manufaktur von Volkswagen (S. 80) ➔ Melkus (S. 86)

Weitere Fahrten mit besonderen Verkehrsmitteln – von Kutsche über Fahrrad oder Conference Bike bis zum Segway – vermittelt die Dresden Tourismus GmbH
Tel. +49 351 50160160

ÖPNV

Dresdner Verkehrsbetriebe ➔ DVB (S. 120)
Verkehrsverbund Oberelbe ➔ VVO (S. 120)

Deutsche Bahn AG/DB Mobility Logistics AG
J Jörg Bönisch/Änne Kliem, Sprecher Sachsen/Sachsen-Anhalt/Thüringen
Dohnanyistraße 11, 04103 Leipzig
Tel. +49 341 9678-480, -48,
Tel. +49 174 3029009
presse.l@deutschebahn.com

Dampferparade der Sächsischen Dampfschiffahrt / © DMG / Sylvio Dittrich

Flughafen Dresden International
Der Dresdner Flughafen ist ein Tochterunternehmen der Mitteldeutschen Airport Holding. Das Einzugsgebiet umfasst Sachsen, Südbrandenburg, Nordböhmen in der Tschechischen Republik und Niederschlesien in Polen. Zahlreiche Fluglinien verbinden Dresden mit den wichtigen Drehkreuzen in Deutschland sowie im Ausland wie Moskau, Wien und Zürich. Direktflüge verbinden Dresden zudem mit wichtigen Touristikzielen im Süden. Durch S-Bahn und Busse ist der Flughafen gut an die Stadt und das Umland angebunden. Das moderne Flughafengebäude in architektonischer Nachfolge eines historischen Hangars bietet zudem Kongressmöglichkeiten
www.dresden-airport.de

Flughafen Dresden GmbH
Flughafenstraße, 01109 Dresden
J Petra Siebert,
Leiterin Marketing/Öffentlichkeitsarbeit,
Tel. +49 351 881-3031 (Presse)
Te. +49 351 881-3360
(allgemeine Info 7–23 Uhr)
Petra.Siebert@Dresden-Airport.de

Dresden Marathon / DMG / © Dresden Marathon e.V.

Sport

Sport in Dresden ist in erster Linie Breitensport: In den 381 Sportvereinen mit mehr als 100 Sportarten sind 71 000 Dresdner aktiv. Es stehen 2 Stadien, 44 Sportanlagen, 18 Sporthallen, 2 Mehrzweckhallen, 10 Freibäder, 4 Hallenbäder und 17 Wassersportzentren zur Verfügung. Die Landeshauptstadt Dresden gibt regelmäßig eine Broschüre unter dem Titel »Sport in Dresden« heraus.
www.dresden.de/sport

Landeshauptstadt Dresden
Sportstätten- und Bäderbetrieb
Freiberger Straße 31, 01067 Dresden
Tel. +49 351 4881601 (Sport)
Tel. +49 361 4882390 (Presse)
sport@dresden.de
presse@dresden.de

Die wichtigsten regelmäßigen Veranstaltungen im Breitensport

Dresdner Nachtskaten
(April-September,
freitags 21 Uhr ab Georgplatz)
Tel. +49 351 4848794
www.nachtskatendresden.de

Internationaler Citylauf Dresden (März)
Tel. +49 351 4592717
www.citylauf-dresden.de
www.laufszene-dresden.de

Morgenpost Dresden Marathon (Oktober)
Tel. +49 351 4011222
www.dresden-marathon.de

Oberelbe-Marathon (April)
www.oberelbe-marathon.de

Überregional bekannte Vereine

Einige Sportvereine sind auch überregional bekannt und aktiv. Und damit sind auch deren Sportler für die Medien interessante Aushängeschilder der Stadt.
Hier eine kleine Auswahl:

SG Dynamo Dresden

Der Traditionsverein ist seit 2011 wieder in der Bundesliga.
www.dynamo-dresden.de

J Holger Scholze, Abteilungsleiter Kommunikation und Pressesprecher
Tel. +49 351 439430
holger.scholze@dynamo-dresden.de

Heimstätte des Vereins ist das neue Glücksgas Stadion (ehem. Rudolf Harbig Stadion) am Großen Garten, das auch gerne für andere Großveranstaltungen wie Konzerte genutzt wird.
www.stadion-dresden.com

J Hans-Jörg Otto, Leiter Stadionbetrieb
Tel. +49 351 25088-111
h.otto@stadion-dresden.com

DSC 1898 Volleyball GmbH

Die Damen des DSC haben zahlreiche Meisterschaften gewonnen. Der Verein hat seinen Sitz in der Sporthalle Bodenbacher Straße. www.dresdnersportclub.de

J Beatrice Dömland
Marketing und Sponsoring
Tel. +49 351 26990992
beatrice.doemeland@dresdnersportclub.de

Dresden Monarchs

Der Dresdner Verein ist hervorragender Vertreter des American Football in Deutschland
www.dresden-monarchs.de

J Sören Glöckner, Präsident
Tel. +49 351 3113111
info@dresden-monarchs.de

Dresdner Eislöwen

Der erfolgreiche Dresdner Eishockeyclub spielt vor allem in der Energieverbundarena Magdeburger Straße. www.eisloewen.de

J Andreas Rautert, Pressesprecher
Tel. + 49 351 48433980
Tel. +49 173 2337318
rautert@eisloewen.com

Weitere Sportarten

Eine besondere Rolle spielt in Dresden die Lage am Wasser. Zahlreiche Vereine widmen sich daher entlang der Elbe dem Bootssport (Kanu, Rudern). Eine besondere Rolle spielen dabei die Drachenboote. Regelmäßig zum Elbhangfest gibt es eine Regatta. Auch der Radsport wird in Dresden großgeschrieben – täglich entlang des Elberadwegs und einmal im Jahr beim traditionellen Fahrradfest der Sächsischen Zeitung (www.sz-online.de/fahrradfest).

Elberadweg / © TMGS

Stadt Dresden

Dresden
Themen, Termine und Jahrestage bis 2020

Landesbühnen Sachsen: Aufführung von »Carmina Burana« im Zwinger | DMG | ©Landesbühnen Sachsen | Martin Krok

In Dresden gibt es immer etwas zu feiern. Allein die Stadtgeschichte, zu der viele bedeutende Persönlichkeiten beigetragen haben, bietet genügend Anlässe für Ausstellungen, Konzerte, Feste.

Dresden stellt daher sein Marketing jährlich unter einen bestimmten Themenschwerpunkt. Und zahlreiche Institutionen beteiligen sich kreativ daran, indem sie passende Veranstaltungen dazu planen. Daher eignen sich diese Themenjahre auch hervorragend, Dresden unter wechselnden Gesichtspunkten neu zu entdecken.

Hier eine Auswahl wichtiger Jubiläen, Termine und Events für die kommenden Jahre

2012 Dresden.
Eine faszinierende Idee

Kunst trifft Wissenschaft

- DZT-Themen: Geschäftsreiseziel Deutschland; Wein, Kultur und Natur in Deutschland; www.germany.travel
- Lutherdekade »Reformation und Musik«

Jubiläen und Events

- 500 Jahre Sixtinische Madonna
Ausstellung vom 26.5. bis 26.8.
Sonderpostwertzeichen Sixtinische Madonna zur Ausstellungseröffnung
- 350. Geburtstag von Matthäus Daniel Pöppelmann (1662–1732)
Sonderpostwertzeichen (Erscheinungstermin 8.3.2012)
- 340. Todestag von Heinrich Schütz
Heinrich-Schütz-Musikfest
»Ein feste Burg« 8./12. bis 21.10.2012
www.schütz-musikfest.de
- 150 Jahre Gradmessung im Königreich Sachsen
J Andreas.Reinhold@bkg.de
- 150. Geburtstag von Gerhart Hauptmann (1862–1946)
- 140 Jahre Dresdner Porzellanmanufaktur
www.dresdner-porzellan.de
- 140. Geburtstag von Stadtbaurat Hans Erlwein
- 110 Jahre Zirkus Sarrasani
www.sarrasani.de
- 100. Todestag von Karl May am 30. März (1842–1912)
Karl-May-Festtage vom 18. bis 20.5.
www.karl-may-museum.de, www.radebeul.de
- 100 Jahre Festspielhaus Hellerau
Kongress, www.hellerau.org
- 80. Geburtstag von Gerhard Richter (1843–1912)
Ausstellung »Gerhard Richter Atlas« im Lipsiusbau vom 4.2. bis 22.4.
www.skd.museum
- 60 Jahre Verkehrsmuseum
www.verkehrsmuseum-dresden.de
- 35. Dresdner Musikfestspiele
www.musikfestspiele.com
- 25 Jahre Städtepartnerschaft mit Hamburg; www.dresden.de
- 20 Jahre Städtepartnerschaft Columbus/ Ohio; www.dresden.de
- 20 Jahre Fraunhofer-Institute in Dresden
- 10. Jahrestag »Jahrhundertflut« in Dresden (Stichwort Hochwasserschutz)

Wichtige nicht jährliche Events

- Tagung des deutschen Netzwerkes der gesunden Städte
- EVA – Evangelisches Jugendtreffen (25. bis 27.5.)
- 9. bis 11.10. SEMICON Europa
- 15.6. TU-Exzellenz-Universität-Entscheidung
- Sonderausstellung: Ein Kreuzpunkt der Weltkulturen. (SKD und Museen des Moskauer Kreml) Residenzschloss, Mitte Nov. 2012 - März 2013

Sonstige geplante Ereignisse

- Einweihung des Dresdner Jakobsweges
- Einweihung der Waldschlösschenbrücke (Herbst) www.dresden.de/waldschloesschenbruecke
- Bauübergabe des Mathematisch-Physikalischen Salons (Eröffnung Frühjahr 2013) www.skd.museum
- Fertigstellung der Heinrich-Schütz-Kapelle im Dresdner Residenzschloss (ehem. ev. Schlosskapelle)
www.skd.museum

2013 Dresden – weltoffene Stadt der Musik (Arbeitstitel)

- DZT-Themen: Junges Reiseland Deutschland; 200. Geburtstag Richard Wagner www.germany.travel
- Lutherdekade: »Reformation und Toleranz«, www.luther2017.de
- 210. Geburtstag von Ludwig Richter (1803–1884)
- 200. Geburtstag von Richard Wagner (1813–1883)
- 120 Jahre Blaues Wunder (1893)
- 100 Jahre Schauspielhaus Dresden www.staatsschauspiel-dresden.de
- 100 Jahre Napoleons letzter Sieg in Dresden und Völkerschlacht in Leipzig
- 47. Dresdner Musikfestspiele »British Empire« www.musikfestspiele.com

Wichtige geplante Events

- Kartografie-Weltkongress http://bit.ly/DKartografie
- 2nd International Chess Games for Disabled www.schachfestival.de
- Wagnerfest
- Musik-Barockfest (im Anschluss an die Dresdner Musikfestspiele)
- Deutsches Musikfest (mit bis zu 20 000 Teilnehmern)
- Eröffnung des Riesensaals im Dresdner Residenzschloss – Ausstellung der Rüstkammer der Staatlichen Kunstsammlungen Dresden zum Thema »Ritter und Turniere« www.skd.museum
- Ausstellung der Staatlichen Kunstsammlungen Dresden zum Beginn der Romantik (1763–1813) mit Schwerpunkt auf Wiederaufbau Sachsens nach dem 7-jährigen Krieg, Napoleonzeit und Dresdens wichtigem Beitrag zur Kunst des 19. Jh. www.skd.museum
- Sonderausstellung des Deutschen Hygiene-Museums »Hin und weg. Momentaufnahmen aus der Migrationsgesellschaft« (Frühjahr bis Dezember 2013 www.dhmd.de

2014 Dresden – weltoffene Stadt der Romantik (Arbeitstitel)

- DZT-Themen: UNESCO-Welterbestätten www.germany.travel
- Lutherdekade »Reformation und Politik« www.luther2017.de
- 580. Striezelmarkt www.dresden.de/striezelmarkt

Dresdner Striezelmarkt / DMG / © Landeshauptstadt Dresden / Sylvio Dittrich

- 300. Geburtstag von Gottfried August Homilius (1714–1785)
  Der Komponist war Kantor und Organist in Dresden (u. a. Frauenkirche, Kreuzkirche)
  www.frauenkirche-dresden.de
  www.kreuzchor.de
- 150. Geburtstag von Richard Strauss (1864–1949)
  Der Komponist wählte Dresden für neun seiner zwölf Opern als Ort der Uraufführung. Die Semperoper und die Staatskapelle Dresden werden dieses Jubiläum mit zahlreichen Premieren, Konzerten und weiteren Veranstaltungen feiern.
  www.semperoper.de

- 130. Geburtstag von Karl Schmidt-Rottluff (1884–1976) Der Maler der in Dresden gegründeten Künstlergemeinschaft »Die Brücke« ist in der Gemäldegalerie Neue Meister mit einigen Werken vertreten. www.skd.museum
- 48. Dresdner Musikfestspiele »Musik der 20er-Jahre – Golden Twenties«; www.musikfestspiele.com

2015 Dresden – weltoffene Stadt der Kreativen (Arbeitstitel)

- Lutherdekade: »Reformation - Bild und Bibel«; www.luther2017.de
- 800 Jahre Dresdner Kreuzchor www.kreuzchor.de
- 110 Jahre Die Brücke (1905–1911)
- 100. Geburtstag Willy Wolff (1905–1985)
- 30 Jahre Wiedereröffnung der Semperoper; www.semperoper.de

Wichtige geplante Events

- Fertigstellung Kulturkraftwerk Mitte mit neuen Theaterbauten für Staatsoperette Dresden und Theater Junge Generation

2016 Dresden – weltoffene Stadt der Feste und Festivals

(Arbeitstitel)

- Lutherdekade: »Reformation und die eine Welt«; www.luther2017.de
- 810 Jahre Dresden
- 350. Geburtstag von George Bähr (1666–1738)
- 180 Jahre Sächsische Dampfschiffahrt www.saechsische-dampfschiffahrt
- 175 Jahre Semperoper www.semperoper.de
- 90 Jahre Palucca Schule www.palucca.eu
- 80 Jahre Felsenbühne Rathen www.felsenbuehne-rathen.de
- 55 Jahre Mikroelektronik in Sachsen
- 50. Dresdner Musikfestspiele www.musikfestspiele.com
- 15 Jahre Silicon Saxony www.silicon-saxony.de
- 15 Jahre Gläserne Manufaktur www.glaeserne-manufaktur.de
- 10 Jahre Grünes Gewölbe www.skd.museum
- 5 Jahre wiedereröffnetes Militärhistorisches Museum

Wichtige geplante Events:

- 2. Deutscher Evangelischer Posaunentag (Frühjahr/Sommer)

2017 Dresden – weltoffene Stadt der Reformation

(Arbeitstitel)

- DZT-Themen: 500 Jahre Reformation www.luther2017.de, www.germany.travel
- 175. Geburtstag von Karl May www.karl-may-stiftung.de
- 145 Jahre Dresdner Porzellanmanufaktur www.dresdner-porzellan.de
- 70 Jahre Staatsoperette Dresden www.staatsoperette–dresden.de
- 45. Dixieland Festival; www.dixieland.de
- 40. Dresdner Musikfestspiele www.musikfestspiele.com
- 30 Jahre Städtepartnerschaft mit Hamburg; www.dresden.de
- 25 Jahre HTW; www.htw-dresden.de
- 15. Dresdner Lange Nacht der Wissenschaften; www.dresden-wissenschaft.de
- Ausstellung zur Lutherdekade »Grafik und Reformation« www.skd.museum

Martin-Luther-Denkmal | © DMG | Christoph Münch

- Fertigstellung der Gesamteinspielung der Werke des Dresdner Hofkapellmeisters Heinrich Schütz www.dresdner-kammerchor.de

2018 Dresden – weltoffene Stadt des Genusses

(Arbeitstitel)

- 130 Jahre Stadtviertel Weißer Hirsch
- 40 Jahre Städtepartnerschaft mit Florenz; www.dresden.de
- 30. Filmfest Dresden; www.filmfest-dresden.de
- 10. Dresdner Schlössernacht www.dresdner-schloessernacht.de

Geplante Events

- Ausstellung zum Thema 30-jähriger Krieg www.skd.museum

2019 Dresden – weltoffene Stadt der neuen Technologien

(Arbeitstitel)

- 585. Striezelmarkt www.dresden.de/striezelmarkt
- 120. Geburtstag von Erich Kästner www.erich-kaestner-museum.de
- 110 Jahre Gartenstadt Hellerau www.hellerau.org
- 100 Jahre Yenidze
- 60 Jahre Städtepartnerschaft Breslau www.dresden.de

2020 Dresden – weltoffene Stadt der Kultur und Visionen

(Arbeitstitel)

- 350. Geburtstag von August dem Starken
- 250. Geburtstag von Ludwig van Beethoven (in Dresden entstand der Text zu seiner 9. Sinfonie)
- 150 Jahre Dresdner Philharmonie www.dresdnerphilharmonie.de
- 150. Geburtstag von Sascha Schneider (1870–1927) Jugendstilkünstler und Karl-May-Illustrator

Dresden Journal

Einmal jährlich gibt die Dresden Marketing GmbH ein »Dresden Journal« heraus, in dem in redaktioneller Aufbereitung die Landeshauptstadt Dresden mit besonderem Schwerpunkt auf die Jahresthemen vorgestellt wird. Die aktuelle Ausgabe kann unter dem Suchwort »Dresden Journal« heruntergeladen werden unter: www.mediaserver.dresden.de

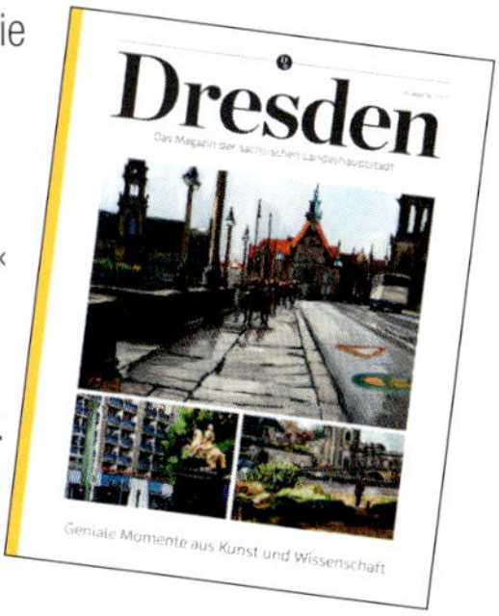

Wichtige Ansprechpartner

Infos zu Dresden, Ideen zu Themen und vieles mehr bekommen Sie bei themenübergreifenden Ansprechpartnern. Hier die wichtigsten Kommunikationsangebote und Adressen:

Dresden Marketing GmbH

Die Dresden Marketing GmbH informiert als Stadtmarketing-Gesellschaft zu folgenden Themen: Tourismus, Kunst und Kultur, Wirtschaft und Wissenschaft, Kongresswesen. Dazu stellt sie die unterschiedlichsten Informationsquellen zur Verfügung und transportiert auch Informationen der Partner weiter. Sie vermittelt darüber hinaus den Kontakt zu anderen Partnern, wenn dies für die Recherche erforderlich ist. Im Web: Mediaserver, Infoservice, facebook, Twitter

Mediaserver
Hier stehen eine große Zahl hochauflösender Fotos, Pressetexte, Audios, Videos, Statistiken, Studien, Hintergrundinformationen und Präsentationen zum Herunterladen bereit. www.mediaserver.dresden.de

Dresden Infoservice
Monatlicher Newsletter für Presse und Multiplikatoren mit Pressemitteilungen, Reportagen und Interviews zu folgenden Themen: Kunst und Kultur (Ausstellungen, Bühne, Musik, Festivals), Grün und Aktiv (Stadtentwicklung/Umwelt/Grünes, Mobilität, Sport/Aktiv), Erlebnis und Genuss (Hotellerie/Gastronomie/Tourismuswirtschaft, Feste, Shopping, Vermischtes), Jung und Alternativ (Szene Dresden), Wirtschaft (Wirtschaft, Messen und Kongresse), Dresden Marketing GmbH, Wissenschaft und Forschung.
Der Dresden Infoservice wird ergänzt durch den »Wochenticker« mit kurzfristigen Nachrichten und Veranstaltungstipps. Anmeldung unter: www.dresden.de/infoservice

Dresden auf Facebook
Kurzfristige Hinweise auf Events, Neuigkeiten, aber auch Serien-Blogs zu aktuellen und interessanten Themen www.facebook.com/Dresden.Marketing

Dresden auf Twitter
Aktuelle Kurznachrichten aus Dresden www.twitter.com/DD_Marketing

Broschüren
Die Dresden Marketing GmbH hat mehrere zielgruppenspezifische Broschüren herausgegeben, die in unterschiedlichem Rhythmus aktualisiert werden. Die wichtigsten:

- Dresden Sales Guide – umfangreiches Verkaufshandbuch für die Tourismusbranche, insbesondere Reiseveranstalter und Reisebüros (dt./eng., alle zwei Jahre)
- Dresden Meeting Guide – detailliertes Handbuch über Tagungs- und Kongressmöglichkeiten inklusive Begleitprogrammen und Incentives (dt./eng., alle zwei Jahre)
- Dresden Journal – journalistisch aufbereitetes Magazin, das mit dem Schwerpunkt der jeweiligen Jahresthemen Dresden facettenreich beleuchtet (dt., jährlich)
- Dresden. Highlights | Touren | Tipps – Faltblatt mit Kurzstadtführer zu den wichtigsten Dresdner Sehenswürdigkeiten und Innenstadtplan (12 Sprachen, nach Bedarf)
- Weihnachten in Dresden – Broschüre über Veranstaltungen vom Beginn des Striezelmarktes Ende November bis zum Semperopernball Mitte Januar (dt., eng., cz./russ./poln., jährlich)
- Dresden Highlights – Flyer mit den Daten und Websites der Veranstaltungshöhepunkte (dt./eng., jährlich)

Studienreisen, Recherchehilfen

Die Dresden Marketing GmbH unterstützt Journalisten gerne bei der Recherche vor Ort. Pressevertreter erhalten bei Legitimierung mit einem gültigen Presseausweis sowie einem konkreten Auftrag für ein Medium mit relevanter Verbreitung Recherchehilfe in unterschiedlicher Form. Die Dresden Marketing GmbH lädt auch ein- bis zweimal im Jahr ausgewählte Medienvertreter zu Pressereisen nach Dresden ein. Wenn Journalisten Interesse an der Teilnahme an Pressereisen haben, können diese dies gerne unter Hinweis auf die geplante Veröffentlichung der Pressestelle mitteilen.

Kontakt DMG

Dresden Marketing GmbH
Pressestelle
Messering 7
01067 Dresden
J Karla Kallauch,
Presse national
karla.kallauch@marketing.dresden.de
Tel. +49 351 50173124
J Christoph Münch,
Presse international
christoph.muench@marketing.dresden.de
Tel. +49 351 50173135

Pressestellen, Behörden und Institutionen

Alle Presseanfragen, die die Landeshauptstadt betreffen sowie Anfragen zu Drehgenehmigungen auf öffentlichen Plätzen sind an das Referat Medien zu richten:

Landeshauptstadt Dresden
Presse- und Öffentlichkeitsarbeit
J Kai Schulz, Pressesprecher
Postanschrift:
Postfach 12 00 20, 01001 Dresden
Besucheranschrift:
Dr.-Külz-Ring 19, 01067 Dresden
2. Etage, Zimmer 2
Tel. +49 351 488-2189, -2871
presse@dresden.de
Presseinformationen unter:
www.dresden.de/presse
Informationen nach Themen:
www.dresden.de/shortcuts

Sächsische Staatsregierung und untergeordnete Behörden und Einrichtungen

Als Landeshauptstadt beherbergt Dresden die Regierung und zahlreiche Institutionen des Freistaats Sachsen. Journalisten können im Medienportal des Freistaats auf alle aktuellen Pressemitteilungen zurückgreifen und sich dort auch anmelden:
www.medienservice.sachsen.de

Eine Übersicht über die Pressestellen der Sächsischen Staatsregierung und der untergeordneten Behörden gibt es unter www.medienservice.sachsen.de/medien/kontakt

Sächsische Staatskanzlei
J Regierungssprecher
Johann-Adolf Cohausz
Tel.+49 351 5641301
Johann-Adolf.Cohausz@sk.sachsen.de

Sächsisches Staatsministerium
der Finanzen
J Pressesprecher Stephan Gößl
Tel.+49 351 5644060
Stephan.Goessl@smf.sachsen.de

Sächsisches Staatsministerium
der Justiz und für Europa
J Pressesprecher Till Pietzcker
Tel.+49 351 5641511
Till.Pietzcker@smj.justiz.sachsen.de

Sächsisches Staatsministerium des Innern
J Pressesprecher Frank Wend
Tel.+49 351 5643040
frank.wend@smi.sachsen.de

Sächsisches Staatsministerium
für Kultus und Sport
J Pressesprecherin Andrea Valendiek
Tel.+49 351 5642513
presse@smk.sachsen.de

Sächsisches Staatsministerium für Soziales
und Verbraucherschutz
J Pressesprecher Ralph Schreiber
Tel.+49 351 5645595
presse@sms.sachsen.de

Sächsisches Staatsministerium
für Umwelt und Landwirtschaft
J Pressesprecher Frank Meyer
Tel.+49 351 5642050
presse@smul.sachsen.de

Sächsisches Staatsministerium
für Wirtschaft, Arbeit und Verkehr
J Pressesprecherin Isabel Siebert
Tel.+49 351 5648060
isabel.siebert@smwa.sachsen.de

Sächsisches Staatsministerium
für Wissenschaft und Kunst
J Pressesprecherin Annett Hofmann
Tel.+49 351 5646020
Annett.Hofmann@smwk.sachsen.de

Weitere Behörden/ Organisationen

Autobahnamt Sachsen
J Pressesprecher Burkhard Zscheischler
Tel.+49 351 81391282
burkhard.zscheischler@
abasn.smwa.sachsen.de

Beauftragter der Sächsischen Staatsregierung für die Belange von Menschen mit Behinderungen
J Pressesprecher Michael Welsch
Tel.+49 351 5645922
michael.welsch@sms.sachsen.de

Landesamt für Archäologie
J Pressesprecher Dr. Christoph Heiermann
Tel.+49 351 8926603, info@lfa.sachsen.de

Landesamt für Umwelt, Landwirtschaft und Geologie
J Pressesprecherin Karin Bernhardt
Tel.+49 351 26129002
karin.bernhardt@smul.sachsen.de

Landestalsperrenverwaltung des Freistaates Sachsen
J Pressesprecherin Katrin Schöne
Tel.+49 3501 796378
presse@ltv.sachsen.de

Sächsische Bildungsagentur
J Pressesprecher Lutz Steinert
Tel.+49 371 5366103
lutz.steinert@sba.smk.sachsen.de

Sächsische Landesstiftung Natur und Umwelt
J Pressesprecherin Margita Herz
Tel.+49 351 81416752
margita.herz@lanu.smul.sachsen.de

Sächsischer Landtag
J Protokoll und Pressesprecher Ivo Klatte
Tel. +49 351 493-5151
ivo.klatte@slt.sachsen.de

Sächsisches Bildungsinstitut
J Pressesprecherin Silvana Kogel
Tel.+49 351 8324374
Silvana.Kogel@sbi.smk.sachsen.de

Staatsbetrieb Sachsenforst
J Pressesprecher Thomas Rother
Tel.+49 3501 542166
thomas.rother@smul.sachsen.de

Staatsbetrieb Sächsisches Immobilien- und Baumanagement
J Pressesprecherin Andrea Krieger
Tel.+49 351 5649603
andrea.krieger@sib.smf.sachsen.de

Statistisches Landesamt
J Pressesprecherin Diana Münzberg-Roth
Tel.+49 3578 331910
Diana.Muenzberg-Roth@statistik.sachsen.de

Wirtschaftsförderung Sachsen GmbH
J Pressesprecherin Sylvia Müller
Tel.+49 351 2138138
sylvia.mueller@wfs.saxony.de

Tourismus

Tourismus Marketing Gesellschaft Sachsen (TMGS)
Bautzner Str. 45/47, 01099 Dresden
J Ines Nebelung,
Presse/Öffentlichkeitsarbeit
Tel. +49 351 4917025,
Mobil: +49 171 4469930
nebelung.tmgs@sachsen-tour.de

Tourismusverband Sächsisches Elbland e.V.
Gebiet westlich Dresdens.
Interessante Orte in direkter Umgebung Dresdens: Moritzburg, Radebeul, Meißen
Fabrikstraße 16, 01662 Meißen
J Kerstin Oefler,
Presse/Öffentlichkeitsarbeit
Tel. +49 3521 7635-20
kerstin.oefler@elbland.de

Tourismusverband Sächsische Schweiz e.V.
Gebiet östlich Dresdens. Interessante Orte in direkter Umgebung Dresdens: Stolpen, Pirna, Müglitztal (Schloss Weesenstein), Heidenau
Bahnhofstr. 21, 01796 Pirna
J Sebastian Thiel,
Medien- und Öffentlichkeitsarbeit
Tel. +49 351 3148890
presse@saechsische-schweiz.de

Marketing-Gesellschaft Oberlausitz-Niederschlesien mbH (MGO)
Ferien- und Wirtschaftsregion Oberlausitz: Landkreise Bautzen und Görlitz
Tzschirnerstraße 14a, 02625 Bautzen
Prof. Dr. Holm Große, Geschäftsführer
Herr Lars Neitzel, Regionalmanager
J Falk Schwaar, Marketingleiter Tourismus
Tel.: +49 3591 4877-0
presse@oberlausitz.com
info@oberlausitz.com

Tourismusverband Erzgebirge e.V.
Gebiet westlich Dresden. Interessante Orte in direkter Umgebung Dresdens:
Freiberg, Glashütte, Dippoldiswalde, Seiffen, Altenberg.
Adam-Ries-Straße 16
09456 Annaberg-Buchholz
J Jana Vierig, Pressestelle
Tel. +49 3733 1880016
jana.vierig@erzgebirge-tourismus.de

Leipzig Tourismus und Marketing GmbH
Augustusplatz 9, 04109 Leipzig
J Andreas Schmidt
Leiter Öffentlichkeitsarbeit/PR
Tel. +49 341 7104310
Presse@LTM-Leipzig.de

Mitteldeutsche Medienförderung

MDM Film Commission Service Sachsen
Mitteldeutsche Medienförderung GmbH
Bautzner Straße 45–47, 01099 Dresden
J Katja Müller
Tel. +49 351 6567522,
Mobil: +49 172 7871720
katja.mueller@mdm-online.de
www.mdm-online.de

Medien in Dresden

(Auswahl)

Sächsische Zeitung GmbH/sz-online
(Auflage 2011*: 260 000)
Ostra-Allee 20; 01067 Dresden
Tel. +49 351 4864-0
www.sz-online.de, redaktion@dv.de
* verbreitete Auflage laut
ivw Tageszeitungen 2/2011

Dresdner Morgenpost
(Auflage 2011*: 100 000)
Ostra-Allee 20; 01067 Dresden
Tel. +49 351 4864-0

Bild Deutschland – Ausgabe Dresden
(Auflage 2011*: 100 000)
Devrientstraße 23, 01067 Dresden
Tel. +49 351 8657300
dresden@bild.de

Dresdner Neueste Nachrichten
(Auflage 2010*: 26 136)
Hauptstraße 21, 01097 Dresden
Tel. +49 351 8075-0
www.dnn-online.de, lokales@dnn.de

MDR – Mitteldeutscher Rundfunk
Landesfunkhaus Sachsen
Königsbrücker Straße 88
01099 Dresden; www.mdr.de

TV: MDR Sachsenspiegel
Tel. +49 1805 323432
Mail über: www.mdr.de/sachsenspiegel/formular1024.html

Radio: MDR1 Radio Sachsen
Tel. +49 351 8643-537
studio-dresden@mdr.de

Dresden eins TV
c/o ELB TV GmbH
Freiberger Straße 39, 01067 Dresden
Tel. +49 351 8000-40
info@elbtv.de, www.dresdeneins.tv

Dresden Fernsehen
c/o Fernsehen in Dresden GmbH
Schandauer Straße 64, 01277 Dresden
Tel. +49 351 31540-70
fernsehen@dresden-fernsehen.de
www.dresden-fernsehen.de

Radio Dresden
Ammonstraße 35, 01067 Dresden
Tel. +49 351 500-110
mail@radiodresden.de
www.RadioDresden.de

Journalisten- und PR-Vereinigungen sowie regelmäßige Medienveranstaltungen

Presseclub Dresden e. V.
Pressevertreter und Pressesprecher treffen sich im Clubcafe (in der Regel alle 14 Tage montags 20 Uhr). In der Regel wird ein interessanter Gast interviewt.
Café zur Frauenkirche
An der Frauenkirche 7, 01067 Dresden
Tel. +49 351 4989836
J Ute Hendlmeier, Clubbüro
Tel. +49 351 4723489
J Bettina Klemm, Vorsitzende
Tel. +49 351 48642362
vorstand@presseclub-dresden.de
www.presseclub-dresden.de

DJV Sachsen
Mitgliederstärkste Journalistenvereinigung in Dresden und Sachsen.
Gewerkschaftliche Vertretung.
Geschäftsstelle Dresden
Hospitalstraße 4, 01097 Dresden
J Michael Hiller, Geschäftsführer
Tel. +49 351 2527573
Tel. +49 351 2527464
info@djv-sachsen.de, www.djv-sachsen.de

DPRG Sachsen
In der Deutschen Public Relations Gesellschaft sind zahlreiche Pressesprecher, Inhaber und Mitarbeiter von PR-Agenturen zusammengeschlossen.
Regelmäßige Treffen.
J Sybille Höhne, Vorsitzende der DPRG-Landesgruppe Sachsen
c/o Höhne PR
Carl-Pfeiffer-Straße 1, 01445 Dresden
Tel. +49 351 3213208
www.dprg.de/Profile/Sachsen/18
sybille.hoehne@hotmail.de

Landespressekonferenz Sachsen e. V.
Vereinigung der Politik-Journalisten, die regelmäßig aus dem Sächsischen Landtag berichten.
Sächsischer Landtag
Bernharvon-Lindenau-Platz 1
01067 Dresden, Tel. +49 351 4935357
lpk@slt.sachsen.de, www.lpk-sachsen.de
J Petra Strutz, Vorsitzende
c/o dpa, Maxstraße 13, 01067 Dresden
Tel. +49 351 867590
Strutz.Petra@dpa.com

Wernesgrüner-Medien-Lounge Dresden
Treffen von Medienvertretern an interessanten, wechselnden Orten (monatlich dienstags)
c/o MEDIENKONTOR Dresden GmbH
Tel. +49 351 3160515
info@medienkontor.net
www.medienkontor.net

Impressum

Herausgeber:

Dresden Marketing GmbH
Messering 7
01067 Dresden
Tel. +49 351 50173-0
Fax: +49 351 50173-111
info@marketing.dresden.de
www.marketing.dresden.de

ISBN 978-3-9815023-0-5

Der Media Guide Dresden wird von der Dresden Marketing GmbH herausgegeben. Er ist auf Anfrage für Journalisten, Pressestellen und PR-Agenturen kostenlos erhältlich. Ein Weiterverkauf bzw. die Nutzung für kommerzielle Zwecke ist nicht erlaubt.

Fotos:

Fotoquelle DMG (Dresden Marketing GmbH):
Media Server Dresden
www.mediaserver.dresden.de

Fotoquelle TMGS:
(Tourismus Marketing Gesellschaft Sachsen mbH)
www.tmgs.picworld-touristic.de

Fotoquelle SKD:
(Staatliche Kunstsammlungen Dresden)
www.skd.museum (Pressebereich)
Die zur Verfügung gestellten Bilddaten sind nur im Zusammenhang mit einer aktuellen Berichterstattung (§ 50 UrhG) zur genannten Ausstellung / zum genannten Museum zu verwenden und kostenfrei. Diese dürfen nicht verändert oder manipuliert werden. Der Inhalt darf nicht für andere Zwecke verwendet werden. Bei einer Nutzung der über den in § 50 UrhG genannten Zwecke des Missbrauchs von Nutzungsrechten machen Sie sich strafbar. Eine Speicherung der Datei über die Dauer der Ausstellung hinaus oder/und Weitergabe an Dritte ist ebenfalls ausdrücklich untersagt. Im Falle einer Online-Veröffentlichung weisen wir Sie darauf hin, dass die Bilder mit 72 dpi und einer maximalen Breite bzw. Höhe von 650 Pixeln zu verwenden sind. Der Zeitraum der online-Veröffentlichung richtet sich nach der Laufzeit der jeweiligen Sonderausstellung.

Die Konditionen zur Nachnutzung von Bildmaterial, das von anderen Anbietern zur Verfügung gestellt wurde, sind bei diesen zu erfragen.

Redaktionsschluss: 1/2012

Redaktion: Christoph Münch

Realisierung: www.oe-grafik.de

Druck: Druckhaus Dresden

Alle Informationen wurden nach bestem Wissen und Gewissen recherchiert. Aufgrund der Schnelllebigkeit unserer Zeit sind Änderungen möglich. Daher können wir für die Informationen keine Gewähr oder Haftung übernehmen. Für Hinweise zu Änderungen an die Pressestelle der Dresden Marketing GmbH sind wir dankbar.

Dresden Marketing GmbH · Pressestelle · Messering 7 · 01067 Dresden · Tel. +49 351 50173-130 · Fax +49 351 50173-137 · presse@marketing.dresden.de

Anfrageformular

Ich bin Journalist und möchte über Dresden berichten.

Ich möchte

- O eine Pressemappe mit ausgewählten Pressetexten und Broschüren erhalten
- O in den Verteiler des Dresden Infoservice aufgenommen werden
- O zu einer Pressereise der DMG eingeladen werden um verbindlich über Dresden zu berichten. Themen:
  - O Jahresthema der DMG (ab S. 126)
  - O Kunst, Kultur, Tourismus
  - O Wirtschaft, Kongresswesen
  - O Wissenschaft
- O individuell nach Dresden reisen und bitte um persönliche Kontaktaufnahme.

Vorname: ______________________

Nachname: ______________________

Medium*: ______________________

Straße: ______________________

Land/ PLZ/Ort: ______________________

Tel.: ______________________

E-Mail: ______________________

Web: ______________________

* in dem der Beitrag publiziert werden soll

Dresden Marketing GmbH
Pressestelle
Messering 7
01067 Dresden

Dresden Marketing GmbH · Pressestelle · Messering 7 · 01067 Dresden · Tel. +49 351 50173-130 · Fax +49 351 50173-137 · presse@marketing.dresden.de

Stadtplan

Dresden.

Marketing